全国哲学社会科学工作办公室　编

中华文明的精神追求

中信出版集团｜北京

目录

导　言

刘
石

东晋陶渊明于《桃花源记》中记武陵人偶入桃花源，云："既出，得其船，便扶向路，处处志之。及郡下，诣太守，说如此。太守即遣人随其往，寻向所志，遂迷，不复得路。"志者，记也。此段描写道出了"印记"的重要性。有了印记，则可寻来时之路；失去了印记，便只能如李白笔下"却顾所来径，苍苍横翠微"，陷入茫然之境。

一个国家，一个民族，立于世界的广袤舞台之中，必有其来时路。此来时路，乃成长之路、奋进之路、成功之路，承载着丰厚的历史记忆与文明传承。欲明中华民族未来之方向，必先寻其来时之踪迹。而中华文明的精神印记，正是此来时路上照映行人之"风光物采"。

中华文明宛如静默流淌的江河，于波澜不惊间奔涌数千年，其精神基因蕴藏在浩如烟海的文化典籍与世代传承的习俗风尚之中。中国人的宇宙观、天下观、社会观、道德观，如空气般浸润于日常生活的每个角落。此般"日用而不觉"的文化特质，恰似春雨，无声无息而滋养万物。"民生在勤，勤则不匮"之训诫，"业精于勤，荒于嬉"之警醒，"长太息以掩涕兮"之悲悯，"先天下之忧而忧"之担当，自"天下为公"之胸怀至"民为邦本”之坚守，由“革故鼎新”之勇气到“厚德载物”之品格，从“君子坦荡荡”之磊落至“仁者爱人”之广博 …… 这些穿越时空的精神遗产，构筑起中国人独有的精神世界，内化为中华儿女血脉中的文化自觉。

古语云：“三才者，天地人。三光者，日月星。”与永恒的日月星相辉映者，乃不朽之天地人。天者，宇宙自然；地者，人间社会；人者，生命个体。《孝经》有“立身行道”之语，宋儒张载有“为天地立心，为生民立命”之论。立心上指，偏于形而上的哲思；立命下指，侧重形而下的事功；立身内指，强调生命个体的修为。此“三立”犹如三足，构成了中华文明这一磅礴大鼎的坚实基石。从宇宙哲思，至社会责任，再至修身之道，构建起一套完整的价值框架，深刻影响着中国人的思维与行为。

中华文明地负海涵，大要即此三个方面。“立心”“立命”“立身”，亦为本书结构的关捩和整体内容的核心。全书依此三端，构成天道、治世、修身三个层面。篇一曰“天道”，包含“天地”“生生”“阴阳”“和合”四篇，阐述古代先哲对宇宙生成的认识，对生命化育的思考，剖析中国人的逻辑思维和哲学思想。篇二名“治世”，包含“天下”“礼乐”“家国”“日新”四篇，考察传统文化中的政治思想和执政理念，解读古人的治国方法和致用策略。篇三为“修身”，包含“天人”“君子”“信义”“仁善”四篇，探索诚正修身、泓涵品德与家国抱负、天下情怀的物我化一，力求个体生命在社会担当中的价值实现。

书中的十二个关键词各具妙韵。例如“阴阳”，其义高度综括，涵盖万端。哲学之深思、历史之应用、艺术之灵感，皆可于此中溯源。简洁的二字，凝练了世间万物相辅相成之理，将纷繁复杂的世界抽象至极致。又如“家国”，“修身齐家治国平天下”不仅体现一种递进的人生追求，也蕴含深刻的类比关系。国由众"身"而成，而个体修身与治国理政有着诸多相似之处，皆需悉心经营，妥善处理诸般繁杂。

中华文化在历史演进中孕育出独具特色的精神标识。这些精神标识不仅赋予中华民族蓬勃的生命力与不竭的创造力，也决定了中国道路的独特走向。人与国，恰似根系与沃土，血脉相连，不可分割。书中十二个凝练的文化符号是穿越时空的精神路标，如同薪火相传的精神火种，让赤子点燃心中的热忱，亦让迷途者望见微光。失此精神根基，便如无根之木；怀此文化气韵，方能以滚烫情怀，扎根厚土。

"天地""生生""阴阳""和合"之宇宙哲思，"天下""礼乐""家国""日新"之社会责任，"天人""君子""信义""仁善"之修身之道，共同铸就了中国人的文化精神。中华文化精神中的宇宙哲思，为我们提供了深邃的精神滋养；社会责任，培养了人们的家国情怀；修身之道，为个人的价值观塑造和精神成长，树立了道德准则。它们共同构成了中华文明的精神内核和延续数千年的文化基因。

自宇宙天道之哲学思考，至家国一体之治世智慧，再到抱节守志之修身法则，全书探究中华文明的哲学星图、社会经纬与道德光谱，萃取其思想精华，建构其价值体系，于现代语境下，赋予中华文明优秀因子以新的思想高度与文化价值，助力中华文明之现代转型，促进世界文明之互鉴共济。

（作者刘石系清华大学人文学院院长、教授）

天道

仰观苍穹，俯察厚土，中国人在星汉流转间勾勒宇宙图景，以『生生不息』感悟生命律动，借阴阳鱼拆解万物规律，用『和而不同』容纳多元共生。中华文明始终追寻着与天地万物的和谐之道，将对自然的敬畏与探索，凝结成天人共生的智慧。

天地

鸿蒙初开，五方九州

冯 时

千百年来，天地观念深深扎根于中国人的心灵深处，深刻地塑造着中国人的宇宙观与思维方式。从祭祀天地的庄严仪式到日常语言中对正义永恒的尊崇，天地观念始终贯穿于中国人的价值体系与行为规范之中，成为中华文明的精神根基。

先民从百万年前走来，经历了漫长的旧石器时代，终于在距今约一万年以前创立了农耕文明，在"日出而作，日入而息"的农业实践中开启了对天地的探索。

中华文明是人类历史上唯一传承至少八千年没有中断的文明，中华文明从诞生之初就深切地关注着人与自然的关系，形成了以天文与人文为核心内涵的知识论与宇宙观体系。可以说，人类观测天文的活动以及他们依据自己的理念建立起的天与地或天与人的关系，实际便是文明产生的基石。

"中华第一龙"

1987年，考古专家在河南濮阳西水坡发现了距今约6500年的原始宗教遗存。遗存展现了身为部落首领的墓主人灵魂升天的壮丽场景，其所体现的文明价值在中国新石器时代考古史上首屈一指。

最令人震撼的是，以45号墓为核心的主体遗存——墓主为老年男性，身长约1.84米，其东西两侧以蚌壳精心摆塑出龙、虎，北端以人的胫骨与蚌塑图形共同组成了北斗星象。在虎的腹下，还特别用堆塑的蚌壳象征大火星。

墓中的龙、虎和北斗星象不仅构成了目前所见人类历史上最古老的天文星象图，而且墓穴呈现的南圆北方的形状以及墓主人南首北足的葬式安排，也证明先民已经具有了天圆地方的朴素宇宙观。这些证据将中国有确证可考的天文与文明的起源时间提前到了距今七千年前，从而打破了我们习惯上接受的中华五千年文明史的传统认识。

尽管在今天看来，西水坡遗址发现的蚌龙已经不是年代最早的龙，但是作为明确的天文星象中的龙星，西水坡蚌龙却是独一无二的，因此称其为"中华第一龙"仍当之无愧。

西水坡原始宗教遗存的蚌塑星象实际包括了沿子午线分布的三组遗迹，最北的墓葬中摆放的星象图再现了墓主人生前的权力特征，表明其以掌握观测天象及历法授时获得了王权。墓葬以南的第二组遗迹用蚌壳摆塑了龙、虎、鹿、鸟四灵，展现了四灵载负墓主人灵魂的升天过程。而再南的第三组遗迹则以蚌壳摆塑了龙、虎星象以及人骑龙遨游于天宇的场景，表现墓主人的灵魂已经升上了天宫。

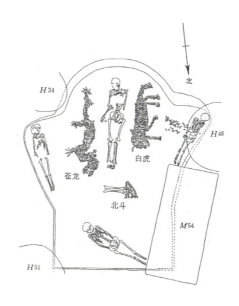

北

H34

苍龙

白虎

H46

北斗

M54

H51

HPXB3

上

河南濮阳西水坡45号墓平面图（距今约6500年）

下

河南濮阳西水坡第三组遗存之人骑龙遨游于天宫世界

5

唐　梁令瓒　《五星二十八宿神形图》局部

二十八宿按方位分为东宫苍龙、西宫白虎、南宫朱雀、北宫玄武。
其中东宫七宿为：角、亢、氐、房、心、尾、箕。

西水坡遗存所表现的墓主人灵魂升天的场景非得是在绝地天通的观念基础上才可能实现，因此，原始宗教在当时已经形成是毫无疑问的。

濮阳自古被称为"帝丘"，即颛顼帝的王庭。颛顼是五帝之一，是上古时代绝地天通的贤明圣王。传说在少皞氏时代，民神杂居，礼制混乱，每个人都可以上下往来于天地。民众对神缺乏敬畏之心，神于民众的诉求也轻侮无以相助，从而导致社会财富匮乏，秩序不彰。于是颛顼帝进行了伟大的变革，他命重和黎二人各自掌管天地，切断了天地之间的联系，这就是"绝地天通"。从此以后，交通天地的事情再不是一般民众可以企望的了，巫觋通天便成为传达人神意旨的唯一途径。颛顼帝生前观天文而行四时，编制历法，死后"乘龙而至四海"，这些事迹和西水坡壮丽的场景十分相似。

在黄河流域仰观星象，人们的注意力会集中在两个天区，一个是北斗所在的北天极附近，另一个则是二十八宿分布的天赤道。古人将二十八宿分为四宫，并按方位命名，即东宫苍龙、西宫白虎、南宫朱雀、北宫玄武。四宫星宿实际建立起了观象授时的坐标体系。

位居于天极附近的北斗不仅围绕着北极旋转，而且北斗还与二十八宿建立起了固定的对应关系，从而通过终年可见的北斗七星，将天上的星象纳入一个完整且相互关联的星官网络之中，所以北斗在中国古代天文学和中国文化中都具有突出重要的地位。

在二十八宿所形成的四象体系中，最重要的当然是龙星。龙的原型并非出于传说中的某种奇异动物，而是实实在在每晚从人们头顶掠过的星象。由于龙星的运行周期直接关系到农业的生产，所以龙与农耕便建立起了必然的联系，于是二月初二的"龙抬头"成为中国民间的传统节日，这一天又称春耕节、农事节、春龙节。其实"龙抬头"是指黄昏太阳西没之后，龙星的角宿从东方的地平线上升起的天象，它告诉人们，万物即将复苏，要开始准备农耕生产了。距今两千年前，"龙抬头"的天象出现在农历的一月末或二月初，后来人们索性以农历的二月初二固定了这个节日。

正是因为龙星对于确定农时具有重要的作用，因此它成为统治者观象授时最关注的星象。久而久之，统治者便和他所观测的龙星建立起了必然的联系，从而使龙星具有了王权的象征意义，产生了

"真龙天子"的观念，深刻地影响着中国古代的政治和文化。同样是基于这样的文化影响，龙作为十二生肖之一，流传至今。

西水坡遗存完整地展现了中国古代先贤创造的辉煌科学成就与文明成就，这不仅彰显了中华文明的核心价值，而且也为我们客观认识中华文明的起源提供了重要的知识背景。它使古老的夏商文明算不得是最古老的文明，那不过是西水坡文明约三千年后的传承而已。毋庸置疑的是，西水坡文明所呈现的完整知识体系与宇宙观必然有其漫长的形成和发展历史，这意味着真正的中华文明的起源时间还要向前追溯很远。

崇效天，卑法地

中国古代先贤对天地的关注与思考，可以追溯到盘古开天辟地的传说：在天地未分之时，宇宙混沌呈一团元气，无晦无明，盘古生于其中。一日盘古醒来，用巨斧劈开混沌，于是清阳之气上升为天，浊阴之气下降为地，形成了天地。盘古顶天立地，使天地的距离越来越大，天每日升高一丈，地每日增厚一丈，盘古每日也跟着长高，直至天高到了九万里，盘古终于耗尽了力气，累倒在地。盘古倒下以后，他的身体发生了巨大的变化。左眼变成了明亮的太阳，右眼变成了皎洁的月亮，头发和胡须化作了星辰，呼出的气息化作了风云，发出的声音化作了雷霆，流出的汗水化作了雨露，四肢和躯干化作了东西南北四极和五方的名山，血液化作了江河，他的汗毛化作了茂盛的花草树木。有趣的是，商周甲骨文、金文作为"极"本字的"亟"，字形即为"𠄎"，俨然一副盘古顶天立地的形象。

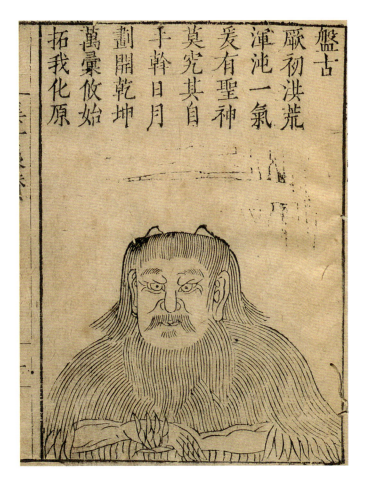

盤古厥初洪荒
渾沌一氣
爰有聖神
莫宪其自
干幹日月
劃開乾坤
萬彙攸始
拓我化原

明代嘉靖时期《集古像赞》中的盘古形象

　　盘古开天辟地的神话不仅反映了先贤对宇宙从混沌未开到天地初分的认识，更反映了天地的本质为气这一思想的诞生。考古学证据显示，先贤对于宇宙的本质为气的认识，至少在九千年前就已完成了。随着文明的发展，这种对于天地的认识终于升华为"崇效天，卑法地"的生存原则，先贤崇敬效法天文，观象授时，指导人们的生产和生活。事实上，人立足于天地之间，应当怎样看待自己生存的世界呢？只关心脚下的大地显然是不够的，更需要关注头顶之上天，这是先民能否摆脱野蛮而成就文明的重要前提。

　　成就文明的关键就是发明和发展农业。先民为什么要发明农

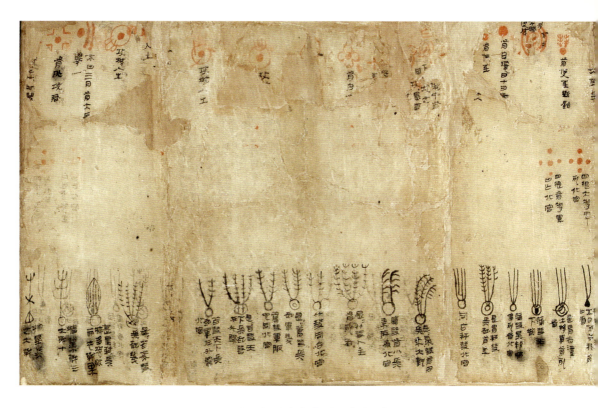

西汉　马王堆帛书《天文气象杂占》

此帛书中绘有目前世界上现存最早的彗星图谱。

业？目的当然是为自己提供有保障的食物来源。理由很简单，在黄河和长江流域，寒暑更迭、春秋代序，如果仅依赖采集和狩猎，那么变化不定的气候条件将很难满足人们的生活之需，不仅一年中的大部分时间没有果实可供采撷，而且在寒冷的冬季，大型动物都已冬眠，也就更不可能捕获到足够的猎物充饥。于是，人们不得不发明一种新型生产方式，这就是人工栽培的原始农业。

　　然而，在寒暑变化分明的地区，一年中真正适合播种的时间非常有限，有的地方甚至只有短短的几天。一旦错过农时，便会造成一年的绝收，从而直接威胁到氏族的生存。因此，与其说农业的产生促进了人类文明的进步，不如说先民对农时的掌握更具有文明的意义。

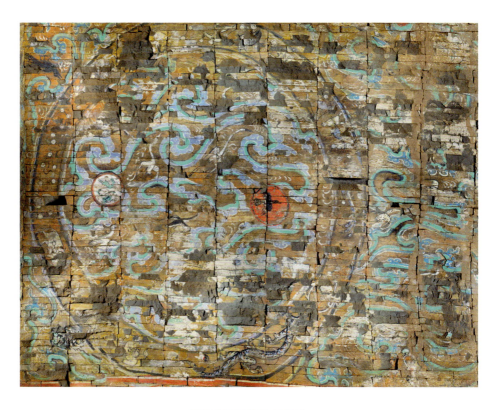

西汉 墓顶天象图（局部）

壁画描绘了太阳、月亮、四神、星宿和人物、动物图案，
构成了完整的二十八宿天象图。

　　那么在数千年甚至万年以前，人们又是怎样解决农时问题的呢？方法只有一个，那就是仰观天象，于是天文学便发展了起来。当然，大而化之地观天对于确定瞬息万变的农时作用并不明显，人们必须使观测精确化，这就需要引入相应的计算，于是数学便发展了起来。同时，农田的开垦势必会将农人束缚于土地上，这要求人们必须建筑足够耐久的房屋以供栖身，力学也发展了起来。很明显，农业的起源使天文学、数学、力学和农学成为最早诞生的古典科学，而天文学作为一切科学中最古老的一种，旨在为农业生产提供准确的时间服务，因此应与原始农业诞生在同一时期。

　　天文学的起源首先表现在先贤对天文之变的掌握，尽管日月星辰都呈现出有规律的周天变化，然而就决定农时而言，最重要的天象标志莫过于二十八宿东宫七宿中由角、亢、氐、房、心、尾六宿所组成的龙星。龙星的运行有一定规律，或潜藏不见，或昏见而出，或跃升东方，或横亘南天，或西流而下，或尾现无首。龙星六体又以位居苍龙心宿中央的大火星为决定农时的重要星官，古人观此授时而致丰稔有年、氏族繁昌。龙星行天周而复始，健行而永无息止，古人也从中领悟到修身用事的黾勉自强。因此天文的意义，在于由天以及人。对天的效仿和学习是中国古代生活的重要内容。

有关上古龙星的考古遗存，今日所见最早者可追溯到距今约八千年前。辽宁阜新查海新石器时代遗址发现了这一时期的巨型石龙，长达19.7米。而河南濮阳西水坡原始宗教遗存则不仅提供了人类历史上年代最早的星图物证，而且直接证明龙的原型为星象的事实。

在古代，先贤对天地运行的认识，主要包括三个层面：第一是天圆地方的宇宙图景，第二是天地为气、阴阳互动的哲学观念，第三是五色理论。

考古学证据显示，至迟到公元前五千纪，中国天文学体系已建立起来，不仅形成了拱极星及传统的二十八宿星官体系，而且确定了分至四气的标准时点，阴阳合历的历法体系已经基本完备，从而构建起了以北斗和四象限星群为核心的五宫天官体系。

对星象的观测直接影响着先民对天的形状的判断。事实上，不仅龙星的行天轨迹呈现为圆形，日月的运行轨迹也同样呈现为圆形，而当人们仰望夜空，更会自然地感觉到天穹有如半球形的罩子扣在平坦的大地上，于是"天圆"的观念逐渐形成。天盖在上当然需要有天柱的支撑，于是《楚辞·天问》提出了"八柱何当"（支撑天盖的八根柱子立在哪里）的问题。天柱的观念不仅在距今7000年前的新

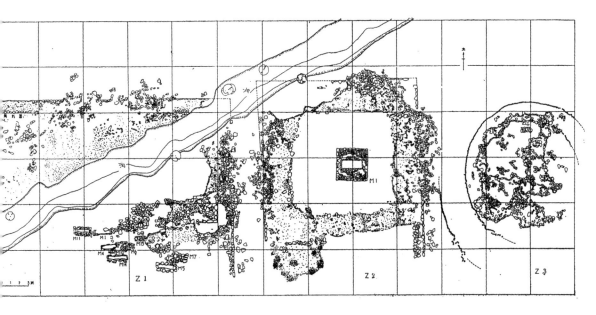

位于辽宁建平牛河梁的红山文化圜丘与方丘平面图（距今 5500 年）

石器时代就已形成，而且考古资料显示，与位居八方的八柱同时共存的还有位于中央的天柱。

天圆的认识尽管可以通过对星象的观察以及先民的直观感受而获得，但在仰观天盖的同时，人们可能拥有方形大地的认识吗？显然不能，人们会很自然地认为大地的形状同样是圆形。那么，地方的观念又是如何产生的呢？

方形大地的认识其实来源于先贤对大地的空间测量。考古学证据显示，至少在公元前五千纪，先贤对方形大地的认识已经形成。河南濮阳西水坡45号墓的墓葬形制即呈现为天圆地方的设计，在距今五六千年的红山文化时代，天圆地方的盖天思想不仅得到了忠实的传承，而且这一天圆理论更具有了丰富的数术内涵，意味着天圆地方的盖天宇宙论真正建立了起来。

《尚书·尧典》开篇所讲的观象授时，意思是要恭敬地遵循上天的规律，根据日月星辰的运行来制定历法，教导百姓按照时令从事生产活动。可见，古人认为遵循上天运行规律才是丰稔有年的基本保

安徽含山凌家滩出土的重环玉璧（距今 5300 年）

证。地载万物全赖于不失农时、风调雨顺，所以人们若向大地索取材用，就必须首先学会观天以求时间之法，故尊天亲地，必须报谢天地之恩，这样祭祀天地的制度应运而生。辽宁建平牛河梁发现了红山文化时期形制完整的圜丘与方丘，展现了 5500 年前的天地祭坛。

在天圆地方宇宙论的影响下，祭天的圜丘必须建为圆形，祀地的方丘则要建为方形；祭天奉璧以象天圆，祀地献琮以象天地交通。凡此无不体现着所祭必象其类的礼仪宗旨。更有意义的是，圜丘以三个同心圆为制，以表现二分二至太阳周日视运动轨迹所规划的三天，是为昆仑思想之源；而方丘又以两重正方为制，以见泰折勾股。甚至作为祭祀天地的礼器，玉璧也特制为昆仑三天的形制，而玉琮则以方圆相切为特征，其所蕴含的"参天两地"的中国古代算学知识与哲学思考相当深刻，显示出中华文明的知识体系与哲学思辨在公元前 4000

汉 漆栻盘
———
栻盘为占卜时间吉凶的用具，由圆形的天盘和方形的地盘组成。

年就已达到了相当的高度，成为传统中算学与哲学之渊薮。

　　先贤对于天地的探索不仅具有科学的意义，更具有哲学的意义。天地之间充满了气，气就是风，这种观念至少在9000年前就已比较完善了。先贤不仅创造出十二律，并且懂得用不同的律管候气定时、分别阴阳。这种对于气的认知显然直接影响着他们对于天地本质的判断。尽管盖天家将天想象为有形的圆盖，但在宣夜家看来，这个有形的天盖却是必须要破除的。因为他们认为天的本质是气，无有垠涯，日月星辰被气托浮着自由地飘在空中。盖天与宣夜两种不同的宇宙理论通过商周甲骨文、金文两种不同的"天"字表现得淋漓尽致，一形作"🜨"，以人头之圆形颠顶象征居于宇宙之巅的有形圆天；而另一形则作"🜨"，从"上"从"大"会意，其所表现的显然是人之上即为天的无限空间思想，这无疑反映了先贤对于天的本质为气的

社稷祭坛

北京中山公园中的社稷祭坛，按东青、南赤、西白、北黑、中黄，铺设五色坛土。

认知。

　　中国先贤对阴阳的思辨至迟在8000年前就开始了，与之同样重要的还有丰富的阴阳表述形式，不仅日月具有阴阳的象征意义，而且日出东方、月出西方的现象也使东西方位同样具有了阴阳的意义。当然，终极的天地自然具有阴阳的意义，那么象征天地的圆方两类图形也就可以作为阴阳的象征。红山文化圜丘布于东方阳位，方丘

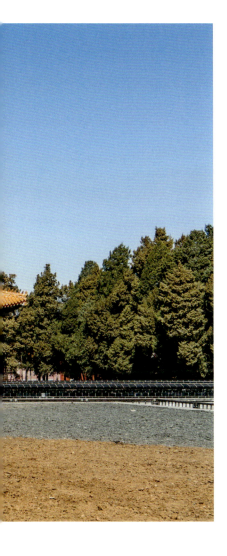

布于西方阴位，准确地表达了先贤对于天地阴阳的哲学思考。

此外，天地还有颜色的不同。天的颜色呈现出昼白夜玄的变化，而夜空作为观象的背景，更可以规划出至上神所居之北天极，从而建立自然之天与人文之天的联系，故天色主玄。而大地虽然呈现出五方不同的土色，但在居中而治的政治观的影响下，中央的黄土显然更具有王权与天下的象征意义，故地色主黄。这些对于天地玄黄的思考至迟在公元前5000年的仰韶文化时代就已完成，濮阳西水坡遗存即以一种灵魂升天的原始宗教仪式完整地展现了天玄地黄的宇宙观，而在红山文化时代，传统的方色理论也已建构完成，其将五个方位和不同的颜色一一对应：东方青色、南方赤色、西方白色、北方黑色、中央黄色。

禹贡九州，居中而治

将大地分为五个区域表现了古代先民朴素的空间观，而最早形成的知识体系则正出于先民对空间和时间进行有意

0 6厘米

湖北秭归东门头遗址出土的测影石碑（距今约 8000 年）

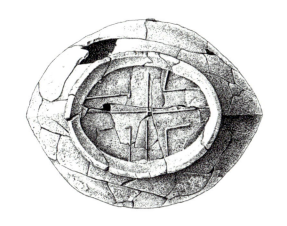

商代青铜壶底部的日廷图（殷墟侯家庄 1400 号墓出土）

新石器时代的陶器普遍流行着这种空间装饰题材，直到商代青铜器的底部，
仍能看到这种日廷装饰，这是古人最早认识的大地的形状。

识的规划。

北斗只有在夜晚才能看到，人们如果需要了解白天时间的早晚，就必须创立一种新的计时方法，这就是观测太阳天球视位置的行移变化。但是，碍于太阳过于明亮而无法观测，如何建立恒星与观测者之间的有效联系，便是古人必须解决的问题，于是人们学会了立表测影。利用日影的变化规律来决定时间。

原始的表叫"髀"，它实际是一根直立于平地上的杆子，杆子的投影随着一天中时间的变化而游移。当表以石制成的时候，那就是碑。湖北秭归东门头遗址出土的距今约8000年的石质碑表，上面的图像显示出从人体测影到碑表测影的转变。

对空间的规划仅停留在四方五位的认知阶段显然是不够的，人们要想建立更完整的空间思想，就必须认识更丰富的方位，那就是东北、西北、东南、西南四维，这使四方五位的空间思想发展形成了八方九宫。

《淮南子·天文训》对这一空间思想的完善有着系统的描述：子午线（北与南）、卯酉线（东与西）构成了宇宙的经纬线，将天地划分出基本的方向和秩序；加之丑寅、辰巳、未申、戌亥八个方位，形成了地平十二方位，进一步细化了方位的划分。东北方向被称为报德之维，意味着这个方位与农业丰收而报天地恩德相关；西南方向被称为背阳之维，意与阴阳相合而生万物有关；东南方向被称为常羊之维，意与雨露润泽相关；西北方向被称为蹄通之维，意与王者号令通达天下有关。湖北秭归柳林溪和陕西西安半坡新石器时代遗址所见的陶器装饰都展现出了早期精致的九宫图像。

无论五位还是九宫，无不体现着上古先民的天下观念。五方所呈现的五种天然土色造就了固有的方色理论，以至形成以东青、西白、南赤、北黑、中黄象征天下的思想，表现了最早的朴素的天下格局。因此将五色土落实于太社，体现的便是天子为天下祈福的追求。当然，比五方空间更为进步的九宫则构成了天下九州地理的思想基础。

史载夏祖大禹在成功治理了肆虐的洪水后，为了更有效地管理这片广袤的土地，决定将其划分为九个区域，即九州。作为夏代晚期王庭的河南偃师二里头遗址，其布局即呈九宫形式及洪范九畴的制度安排。这一做法不仅显示了夏代后人对其祖先大禹功烈的继承，而且于王庭再现九州更具有了天下王权的象征意义。

20

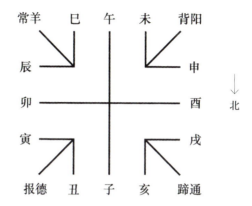

中国传统空间方位图

新石器时代陶器所绘九宫图

左 湖北秭归柳林溪出土的陶支座图案　　右 陕西西安半坡出土的彩陶盆图案

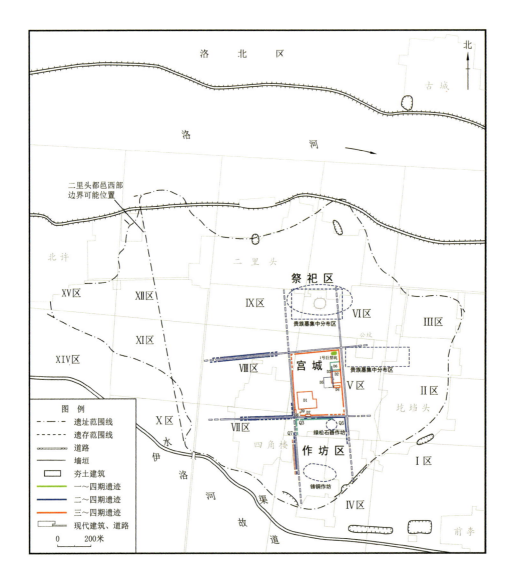

图 例

- ·—·— 遗址范围线
- ---- 遗存范围线
- +++ 道路
- —— 墙垣
- ▭ 夯土建筑
- — 一～四期遗迹
- — 二～四期遗迹
- — 三～四期遗迹
- ▭ 现代建筑、道路

0   200米

河南偃师二里头遗址九宫规划平面图

22

在传统政治观和宗教观的背景下，无论五方还是九宫，其所强调的空间位置无疑都是中央，由此形成了居中而治的传统政治观。

"中"是中国文化的重要观念，是古代先民规划空间不能摆脱的枢纽。西周早期的青铜器天亡簋和何尊，其铭文真实地记录了周武王择中建立王庭的信史。据铭文记载，周武王在伐灭商朝后所做的第一件大事就是登上了中岳嵩山祭天，将克商之事告知天帝，确定了天命归周的事实。武王祭天时即对上天表达了居中而治的愿望，他说："余其宅兹中国，自之乂民。"意思是我要居住在天地之中，在这里治理天下的人民。这使周公不得不重新于嵩山测影，校定地中的位置，所以这里至今还留有传为周公测影的遗迹——周公测景（影）台。然而，周武王在克商后的第二年就病故了，所以他的儿子周成王在洛水之滨营建了成周王庭，实现了周武王居中而治天下的遗愿。唐代武则天于万岁登封元年（公元696年）登中岳嵩山封禅告成，实际仍遵循的是这一传统。

事实上，确定了天地之中也就意味着确定了天下九州的中州，人们将这个以地中为中心的方千里的地理中央称为中土、中原、中域，也称为"中国"。这种由居中而治所强调的"中"的思想广及于传统的政治、宗教、哲学与科学，成为中华文明和中国文化的象征。

同时需要指出的是，天地之中只能相对于四方而言，所以中的位置不可能是固定不变的。随着夷夏东西格局的破除及王朝势力的消长，地中之位也随之变迁。地中强化了居中者必须肩负传承中国文化的使命，彰显了中华民族多元一体的文化格局。中华文明之所以绵延数千年而不绝，原因正在于此。

天地永恒

　　人生于天地之间，被广袤无垠的天地所包围，虽个体渺小，但却是宇宙间不可或缺的一分子。李白"登高壮观天地间，大江茫茫去不还"的豪迈、苏轼"寄蜉蝣于天地，渺沧海之一粟"的喟叹以及陈子昂"念天地之悠悠，独怆然而涕下"的孤独，都映现了中国人独特的宇宙意识。"人生天地间，忽如远行客"并非单纯的消极感受，而是蕴含着对永恒价值的追寻与对宇宙万物的深刻洞察。

　　千百年来，天地观念深深扎根于中国人的心灵深处，深刻地塑造着中国人的宇宙观与思维方式。从祭祀天地的庄严仪式到日常语言中对正义永恒的尊崇，天地观念始终贯穿于中国人的价值体系与

行为规范之中，成为中华文明的精神根基。

在古代中国，天地被视为至高无上的存在，天子的权力被认为源于天地的赐予，是为君权神授。对天地的祭祀活动以及一系列以天地为核心的礼乐制度，本质上是对自然规律的谦卑回应。

人类的生存离不开天地的养育，天象决定农时，土地载育万物，所以人们要祭祀天地，不仅祈求风调雨顺，而且还要报谢天地之恩赐。其实天下之大，每个地区的土质各有不同，而土质的不同也就决定着其适合种植的作物不同，长期的农作实践使先民很早就认识了这一事实，因此发展出了祭祀各地不同土地的礼俗。人们或叫土地公为土地爷，将其奉为主管一方的福德正神。所以《西游记》中描写孙悟空每到一地，遇事不明时，必唤土地公来问个明白。

然而，土地广博，不可遍敬；谷物众多，也不可遍祀。于是古人创造出了主管天下土地的太社，同时又创造出主管百谷的稷神，从而形成了作为土地和谷物总称的"社稷"，并以其作为国家的象征。

天子在社稷坛祭祀天地，祈求国泰民安、五谷丰登。社稷坛作为国家的象征，承载着人们对土地和谷物的崇敬之情。而百姓则在土地庙祭祀土地神，祈求一方平安、农业丰收。农历二月初二土地神生日这天，家家户户到土地庙烧香祭祀，敲锣鼓、放鞭炮为土地公祝寿。

自周代起，"祭天"与"祭地"便有严格区分，而民间"祭土地""祭灶""祭龙王"等习俗，至今仍在延续。这些仪式背后蕴含着对宇宙秩序的维护意识。"既祀天地，克配祖宗"的传统观念，将自然崇拜与孝道伦理有机结合。"天地君亲师"的排位，将天地置于顶端，反映出中国人对自然的审慎与尊重。

清代外销画中祭拜福德正神的场景

除祭祀之外，婚丧也是体现天地对中国古代社会之影响的重要礼制。古人认为，婚礼是礼的根本，有婚姻而后有父子，有父子而后有君臣，家庭关系的发展形成社会关系，家庭伦理的发展形成社会伦理。婚姻的美满是建立良好社会关系的基础。《诗经·大雅·大明》将周文王的婚姻视为天意促成的佳偶，西周青铜器铭文中的"婚媾亦唯协天"追求婚姻合于天意。因而，美满的婚姻被称为天作之合，夫妻才貌般配、情投意合被视为天造地设。故而在宋代以后，婚礼发展出拜天地的礼俗。

丧葬礼俗与天地的联系同样紧密。古人认为人是由魂魄结合而成的，人死之后，魂升于天，魄藏于地，各归其所，亲人则天人永隔。这种对生死的认知，亦反映了古人对天地的敬畏之心。

天地本是时空的总括，天地观念是时间观和空间观的集合。天地象征着时间无限长、空间无限大的一个极致时空，因而代表了一

清 冯宁《仿杨大章宋院本金陵图》局部

人们在城郊的土地庙祭拜土地爷、土地婆。

种永恒性。中国人常用天地比喻永恒，将自然的伟大与人类情感紧密结合。婚礼中的"一拜天地"不仅是对婚姻的美好祝福，更藏着对自然秩序的礼敬。"天涯海角"是对空间的极致想象，"天长地久"则是对时间的永恒承诺。

古人认为，天地具有纯朴、真诚信实的品德。祭天用犊用陶，崇尚朴实，不事奢华，否则便难以与纯朴的天意相通。天命所授必须是道德高尚之人，这种观念促成了中国传统以道德为核心的天命观和政治观。天具有纯真品德，因而后人用"天真"形容心地真纯，自然而然。古诗有云："天真烂漫好容仪，楚楚衣装无不宜。"

天地观念还化生出道德层面的意义。中华民族敬天法地，认为天地不仅象征着自然的伟大，更可被视为正义的化身。"天地良心""天经地义"等词语成为道德评判的依据；"天罗地网""天诛地灭"则体现了对公正秩序的信念。这种观念与中国缺乏普世宗教却又充满精神力量的文化特质高度契合。在民间故事里，"遭天打五雷轰"常被用作对恶行的终极制裁想象，反映出普通人对宇宙正义的朴素信仰。

时至当今，中国在航天领域的成就，如天宫空间站、"嫦娥工程"（中国探月工程）等，既是现代科技的体现，也是古老民族宇宙想象的现实转化。中国人对天地的思考在日常实践中延续着其生命力，将自然哲学转化为生活智慧，这是中华文明长盛不衰的一个重要原因。

中国古代先贤对天地的探索，历经千年发展，促使天文学、农学等古典科学体系逐渐成熟，对当今社会生产生活仍有重要意义。

依循天象总结出的二十四节气，至今仍是农事安排的重要依据。从圭表到日晷再到漏壶、沙漏等计时仪器，这些工具虽精度有限，但为后世计时技术的发展奠定了基础。更重要的是，先贤们敬畏天地与遵循自然规律的智慧，指引我们尊重自然、与自然和谐共生，走可持续发展之路。

天文作为文明之源的事实最终成就了独具特色的中国文化，这意味着中华文明的宇宙观传统事实上已成为正确理解中国文化的有益钥匙。更为重要的是，今天的中国是从历史的中国中走来的，中华文明的连续性使历史与现实难以割裂，其优秀的宇宙观无疑将为如何建设现代文明提供启示。

（作者冯时系中国社会科学院考古研究所研究员）

生生

化育生命，绵延不绝

朱良志

中华民族从未停止对生命奥义的叩问，生命常新的特质和昂然不朽的创造精神，赋予了民族坚韧不拔的品格和海纳百川的胸怀，无论遭遇多少艰难险阻，中华民族始终秉持着"生生"的信念，维系着族群的绵延、文明的赓续。

在古人笔下，生命是鲜活的诗篇。"阳春布德泽，万物生光辉"，春天的阳光普照大地，赋予万物以生机，山川、草木、鸟兽都在这温暖的光辉中展现出生命的活力。"离离原上草，一岁一枯荣"，春夏秋冬每一个季节的更迭都蕴含着生命的韵律。草木的荣枯成为古人感悟生命节律的生动意象。北宋理学家周敦颐爱观天地生物气象，特地放任庭前杂草自由生长，以观察其中蕴含的蓬勃生意。古人重视"生生"，缘于对生命本质的观照。

从总体倾向上说，中国哲学可以说是一种生命哲学，以生命为宇宙间的最高真实。我们说生命，有不同的指谓，有生物学上的生命，有医学上的，也有哲学层面的生命。中国哲学认为，这个世界是"活"的，天地大自然中的一切都有生命，都具有生命形态，而且具有活力。生命是一种贯彻天地人伦的精神，一种创造的品质。

生生之谓易

生命为人类与自然所共有，在中国早期哲学中，就有关于生命的深入思考，产生了不少值得重视的思想，"生生"哲学就是这方面思考的凝结。

"生生"作为一个熟用语，在先秦典籍中多有使用。概括起来看，主要有三意。一类多见于道家学派的著作中，"生生"为一贬用语，意为贪生，太把生命当生命。二类"生生"含有"进进"之意，"生生"指生命的向上升腾。生命的传递延续不是一蹴而就的，是在一代一代的持续努力下渐进形成的。三类"生生"指化育生命，"生"之叠用，意思是生命绵延不绝，第一个"生"用为动词，有滋化、产生之意；第二个"生"用为名词，即生命。

《周易》将"生生"凝固成一种生命智慧，成为其生命哲学最为基础的概念。《周易·系辞上传》说："生生之谓易。""生生"即生生相续，一个生命滋生出另一个生命，在新生命中又可滋生出新新生命，以至无穷。《周易》特别强调变易，易学史上有"易名三义"的说法，即变易、简易、不易三层意思。这三层意思可以概括为：以简易的方式来说明变易为宇宙永恒不易之理。我们随处可见、随处可感的生生不息的精神，正是宇宙不变的真理。《周易·乾卦·文言》

新石器时代　上山文化符号陶罐

太极生两仪，两仪生四象，四象生八卦，八卦化万物。这是中国古代宇宙生成的基本阐述。
新石器时代的陶罐上，已出现类似后世卦符的白色线条。

谈生命的元创精神说"乾始能以美利利天下"，意思是：天（乾）能够以其美善的利益施惠于天下。乾卦讲生命的元创力，这个元创力是美的根源，是生生不已智慧的根源，它是一粒生命的种子，将美播散在大地，利于群生，生养万物，化成天下。

生生就是变。《周易》是一本谈变化的书，变是它最高的哲学。变不是简单的变，而是"通变"。穷则变，变则通，通则久。天下任何时物都是互相联系、交相感应的，人类必须注意得天时地利，得阴阳相荡、相互感通的气。没有通就没有变。如果你只能看到外在

明 十二生肖四神镜

从内层到外层分别有四神、十二生肖、八卦纹、星象纹以及铭文。

空间变化的变、物象组合的变，那你只看到世界的表象。《周易》认为世间一切都是互相联系的，生生不息，互相有牵扯、有流通，没有脱节。就像春生、夏长、秋收、冬藏，一年一度，有季节的变化，又有四季的往复，有无所不在的"通"。

穷则变，穷不是穷困，而是不通。不通的时候求变，只有求变才能真正达到通，只有通才是天下生生的恒久之道。

所以，我们不能孤立地看一个东西，不能截断联系。绵延不已这种联系的哲学、运动的哲学是非常重要的，联系是它的基础。《周易》讲天地是联系的，万物是联系的，人与人之间是联系的，每一个生命与其他生命是相关的，新东西的产生和旧的东西也是联系的。此生联于彼生，新生替于旧生，生生不已的哲学就是"通"，没有通就没有《周易》。这种通变观，反映出"生生之谓易"的实质。

在自然界中，我们可以看到许多体现生命联系性的例子。比如，一棵大树从一粒种子开始发芽，逐渐长成幼苗，再历经风雨，成长为参天大树，最后开花结果，这一整个过程就是同一生命不同生长过程的联系，体现了后生续于前生，生命如"流"，绵延不绝。又如，在森林里，旧的树木逐渐枯萎倒下，为土壤提供养分，新的树苗在这片肥沃的土地上茁壮成长，这便是不同生命交替演进的联系，侧重于新生替于旧生，展示出生命之间无限的往复循环。再如动物世界里，狼和羊虽然是捕食与被捕食的关系，但它们共同构成了草原生态系统的一部分，彼此依赖，相互影响，这体现了不同生命之间的平行联系，此侧重于此生联于彼生，生命之间彼摄互通，共同编织成生命之"网"。

生活中，我们也能体会到生命的联系。家族的传承，智慧、品德和生活经验通过言传身教，由祖辈父辈传给子孙后代，每一代人都在前人的基础上不断发展，这是生命在时间维度上的延续。又如朋友之间相互影响，彼此分享生活中的喜怒哀乐，在困难时相互帮扶，这是不同生命个体之间在空间维度上的联系。这些例子都生动诠释了"生生之谓易"中生命的变易、联系和延续。

天地之大德曰生

《周易·系辞下传》说"天地之大德曰生"——天地以生物为本，天地的精神就是不断化生生命，创造生命是宇宙最高的德性。万物唯生，而人必贵生。"生"在这里已经不是具体的自然生命，而是包括从自然生命中所提升出的天地创造精神。

儒家哲学将"生"和"仁"合为一体。天地以"生"为大德，"生"即"仁"，它既是宇宙跃动的精神，也是人间正道的指引。儒家坚信天以仁爱滋养万物，人类构建道德也要取法于天。"仁者，人也"，仁是人之为人的根本，亲亲之心则是对宇宙生生大德的深情回应。朱熹认为"仁"是"天地生物之心"，在儒家看来，宇宙是一个充满生意的空间，观此生意，能够拓展心胸，净化性灵，体味宇宙造化之伟力，又能在活泼泼的生命中亲证"仁"的道德境界。

儒家还将"生生"与和谐的生命理想联系在一起。没有和谐，就没有生命。这是中国人在感性经验基础上形成的智慧。大自然因和谐而生生不息，人也只有秉持"和"的理念，才能顺应自然、创造生机。"生而有则"，世界中的一切各得其所，山峙而川流，花开与花落，乃至于冬去春来，日往暮收，等等，都自然而然，有序有则。天地万物各安其位，有序运转，正如《中庸》所言"致中和，天地位焉，万物育焉"，和谐让生命活力奔涌不息。

生生精神是一种生命创造精神。"生生"即"进进"，生命是流转的，又是不断提升、无往不复的创造过程。宇宙生命有一种"精进力"，有一种不断向上的提升力量。在中国人的语汇系统中，"天"，既包括"是"又包括"所以是"这两层含义：一般所说的天，包括自然中的一切存在，同时也包括之所以存在的内在机制。后者所指的就是创造，就是生生。天是创造性的本体，造化具有一种"大用"，一种昂然不朽的生命力量，一种永恒的生命创造精神。东晋孙绰有句诗说："仰观大造，俯览时物。"将造化称为"大造"，就是对其创造力的描述。

战国 佚名 《人物龙凤帛画》

妇人头顶上，一只凤鸟腾空飞舞，尾羽向上卷起；左侧一条体态扭曲的龙正向上升腾。
这幅我国现存最古老的帛画传达的是墓主人被引领升天、灵魂再生的祈愿。

隋 莫高窟第 407 窟藻井

井心三兔共耳的图案象征着生生不息、往复循环。

生生精神是一种创新精神。中国哲学追求的"生生"之趣是和"新"联系在一起的。生生不已，必然是新新不停。王羲之《兰亭诗》云："群籁虽参差，适我无非新。"中国人将这种新新不停的精神融入生命体验的过程中。每一次体验都是发现，都是新颖的。生命体验是当下生成的，必然是常观常新。月还是以前的月，山还是以前的山，人人眼中所见，是熟悉的"旧"风景，然而我来了，在我的体验中焕发为一个新的生命宇宙。

"天地之大德曰生"，人要配得上成为宇宙之一员，就必须以自我生命去契合宇宙生命，加入生命的洪流中。中国人以诗意的目光看待世界，在生命的浸染下，大千世界，森罗万象，都成了和人的生命相关的世界，一个与人的生命彼摄互荡的空间。

永恒的传递

《庄子》讲"化"，天地是永恒流转的世界，"汝徒处无为，而物自化"。庄子有时将此称为"大化"，"大化"即永恒，宇宙生命就是无始无终的化育过程。人的生命短暂而脆弱，既化而生，又化而死，唯有"解其天弢，堕其天帙"——解开人真实生命的外在束缚，顺化自然，才能获得永恒。

生命是一种接力，它是中国哲学所蕴含的朴素之理，也是中国传统艺术所彰显的永恒精神。诗人艺术家对此有一些颇有意味的理解角度。在唐宋以来文人艺术发展中，这种观念表现则更为突出。这是由传统思想嘉树上绽开的花朵。

生命精神在大多数领域都有程度不同的体现，尤其在诗、书、画、音乐、戏曲、园林、篆刻等领域表现较充分。唐宋以来文人艺术的努力方向，乃在交出一份生命不缺场的答卷。他们心目中的永恒，是一种主题可替换、生命不断流的永续念想，艺术创造就要彰显这一念想。

秋叶将落尽，新绿会萌生，枯木不开花，藤蔓缠上来，开出一片好花，生命还是在绵延。中国人称古藤为"寿藤"，无论是宫殿，还是寺观建筑、私家园林，一般都有这古藤出现。看明末画家陈洪绶的《古木茂藤图》，有莫名的感动，千年老树已枯，却有古藤缠绕，古藤上的花儿依枯树绽放——一种衰朽中的生机，一首生命不灭的轻歌。陈洪绶有《时运》诗说："千年寿藤，覆彼草庐。其花四照，贝锦不如。"树都会枯，然而花不会绝，这是有形的延续；更有"兰虽可焚，香不可灰"的无形延伸。我们所见的世界，总是有衰朽，有枯竭，有替换，而生命却在绵延。中国艺术家说生趣，说生生，就是说这不断流的精神。宇宙乃真气弥漫、生生不绝之世界，老莲画古藤缠绕老树、嫩花绰约枯槎，画的就是这不灭的精神。

看盆景中的绿苔，石虽老，苔青青，百千年藓着枯树，一两点春供老枝，生命就这样在延续。"生意"是中国盆景的灵魂。庭院里，案头间，一盆小景为清供，近之，玩之，勃勃的生机迎面扑来，人们在不经意中领略天地的"活"意，感到造化原来如此奇妙，一片假山、一段枯木、几枝虬曲的干、一抹似有若无的苔，再加几片柔嫩娇媚的叶，就能产生如此的活力，有令人玩味不尽的机趣。盆景在枯、老之中，追求的是无可穷尽的活意。

如家具、瓷器、青铜器鉴赏中的"包浆"，受到人们的重视，反映出生生哲学影响的痕迹。包浆是天地自然之手、人之手，在时间

明 陈洪绶 《老莲抚古图册》之一

清　邹一桂　《岁朝图》

绵延中共同成就的，是阴阳之气氤氲的结果。包浆，包裹上生命之浆水，正是这生命的抚摸和渗入，将一件外在的物做活了，富有生生的气息。包浆的精神，就是生生哲学"活"的精神。包浆重要的特点是它的延续性，通过包浆鉴赏一种旧物，品味一种接续性的存在，世代相传，生生不已。

园林营造中，深谙构园之理的人，喜欢购置旧园来重新整修，增植花木，点缀楼台，人们看重的是其"旧气"。《园冶》在谈到"相地"时说："旧园妙于翻造，自然古木繁花。"旧园中的老木新花，昭示着生命延续的天地之理。"因地制宜"，就包括生生绵延之理。造园，不是造一个新园，而是将天地自然之气、古今绵延之理，接入我的生命中。

这些艺术呈现方式，源于中国人对生命的独特理解。"青山不老，绿水长流"，这是中国艺术的八字真言。石涛有诗云："山川自尔同千古。"说的是类似的意思。

日本一位颇有哲思的女收藏家白洲正子曾用通俗的语言，触及"生生"的道理："秋叶将落尽，新绿会萌生，把当下每一天都认真活好，把生命的力量传交给子孙后代，再默默凋落散去，就是我心愿。"这段话说了三层意思，一是日日是好日，夜夜有好月，活好每一天；二是生生的延续，将生命力量传给后世，将真实感悟传给后人，这是一生的工作，也是人生意义的实现；三是默默凋零，不给人间带来负担，为后续生命更好地展开。三者互相关联。只有活好每一天，你才有值得与后人分享的体会；只有本着将自己有价值的东西传下去的愿望，才能去真实面对人生；而默默凋零的念头本身，就是为生生不已的世界加持。

活泼泼的趣味

在中国的生生哲学看来，这个世界是"活"的，无论是看起来"活"的东西，还是看起来"不活"的东西，都有一种"活"的精神在。因为"活"，世界即联系。"不活"，世界即枯竭，生命即断流。

生生哲学突显一种生命整体观念。承认万物都是活泼泼的存在物，生命之间存在着旁通互贯的联系，由此构成一个生命整体。自认识上言之，不将外物视为僵死的实在，不将外物视为互相分立之对象，也不将人从世界的存在中抽离出来，而是融入此一生命过程，参与其流行。生命整体观念对于中国人来说，既是一种对宇宙的深邃思考，又是一种对现象界的感性把握。有的西方学者以"有机主义"来概括这一思想，这是从自然科学中借用的一个概念，以它来概括中国哲学的生命整体思想并不确切，因为中国人的生命整体思想，并不是指"活的东西"，而是在人的生命体验中使之"活"。

《二十四诗品》是一部了解中国传统美学的重要著作，该书最后一品《流动》说："若纳水輨，如转丸珠。夫岂可道，假体遗愚。荒荒坤轴，悠悠天枢。载要其端，载同其符。超超神明，返返冥无。来往千载，是之谓乎。"天地运转，就像水车轱辘在转动，又像玩弄手上的丸珠，圆润流转。"夫岂可道"，天地中间生机活泼的精神怎么表现出来？"假体遗愚"，它是通过外在的形象来告诉普通人。在天地中我们看到的山川草木、花鸟虫鱼，都是天地流动精神的体现，都是活泼的存在。"荒荒坤轴，悠悠天枢"，造化永恒流转，似乎有一只巨大的手，在拨弄着世界。"载要其端，载同其符"，"载"是语气词，人类的审美创造，要其端，同其符——"符"是末，"端"是

清　虚谷　《紫藤金鱼图》

江苏苏州的留园一景

本，由末及本，融入流动的世界中去，去感受大化流衍的节律。《流动》一品说的就是生生化化、永无止息的生命精神。

中国人重视活泼泼生命精神的呈现。天地之大德曰生，万物都有生意，世界的一切都是变动不居的，所以，万物之生意最可观。周敦颐酷爱自然生物之趣，"窗前草不除"，说是要观"自家意思"，要见出天地生生之道。程颢养一些小鸡雏，看它们跑来跑去，鱼缸里养一些鱼，要观万物的自得意。这种生命哲学强调外在世界是一个流动、变化、活泼的生命体，鸢飞鱼跃，生机盎然。

对生命活力的偏爱，让中国艺术有一种生机绰约的风致。中国艺术中的一切似乎都是为了表达生意的。我们从中国花鸟画中，如八大山人天真嬉戏的小鸟、郑板桥竹画的凛凛风神、吴昌硕笔走龙蛇的枯藤、齐白石跃然而出的虾趣，都可以听到一种生命的清音。西方油画有静物，画厨房桌子上放一只死鸡，一条死鱼，这对中国画来说，是不可想象的，中国画中不大可能出现这样的东西。中国画家所要表现的生命感，就是活泼的生命形态和内在幽深远阔的生命精神的统一。这种对生命感的追求，用古代画家的术语说，就是重生机、生趣、天趣、生意。

中式园林更是特别重视活泼的趣味。园林中的"生"有三个层面：一是生面，又称"生意"。园林必须有活泼泼的韵致，一切僵化、枯死、静止的表达都与这一理想不类。生香活态是文人园的命脉，它藏在溪水活活中，也藏在枯木怪石中。然而，水无流动之观，石无翁蔚之掩，树成朽木，花草蒍萎，这幽灵般的存在，断非人愿意存乎其间。二是生机。即生生相连、彼此激荡的"势"。中国气化哲学认为天地为一气流荡的空间，气分阴阳，阴阳摩荡，构成内在张力，这就是"势"。中式园林的气脉、土脉、水脉等安排，都有"势"的考虑。三是生理。生生之理是生命的深层逻辑，天地有无所不在的原创力，生生精神是贯彻天地人伦的一种活泼精神。"生理"不是抽象的概念，而是生命动力之源。生面、生机、生理三者一体贯通。生面是生理的外显形式，生机是丘壑内营的节奏韵律，生理是生命的本源性力量，处于核心层次。园林中的开生面，就是通过充满"生意"的外在形式，将天地中生机活泼的节奏和内在生生之精神气象彰显出来。

中式园林的营造又被称为"叠山理水"，水是园林的中心，水使分散的景点联系起来，在静止的空间中寓有激荡的活力，有了水，就有了流动的生机，有了变化的节奏。园水干涸，就像人停止了心脏跳动。北宋郭熙《林泉高致》说："山以水为血脉，以草木为毛发，以烟云为神采。"此为画法，也是园林营建法。水是园林的血脉。

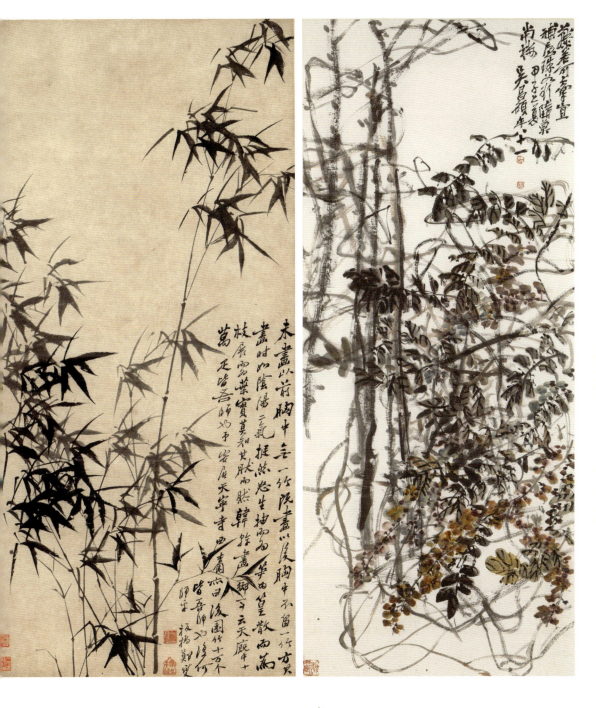

萬正是吾師也予客居天寧寺西齋因日後園竹十萬个師晉師以淂何枝展而葉寶莫知其肤而胧韓幹畫御衣云天廐十萬正是吾師也予客居天寧寺西齋因日後園竹十萬个師晉師以淂何

未盡以前胸中有一段畫意後胸中不留一筆畫時如陰陽二氣挺然怒生抽而為笋而簧散而為

左
清 鄭燮 《墨竹图》

右
清 吴昌碩 《藤花图》

51

比较中国的假山和日本的枯山水，是一个饶有兴味的话题。假山是中国园林的核心，枯山水是日本庭院的代表，虽然二者都受到禅宗影响，但粗眼一过，即能看出二者是不一样的。假山是园林中的一个点景，是园林空间形态的有机组成部分。在假山的周围，总有花木相伴，有流水缠绕，幕天席地，招风际雨，成就一灵动活泼的空间。在中国园林创造看来，日本的枯山水几乎是未完成的作品，没有花木，没有绿色，甚至有的枯山水连偶有的苔痕也省略了。它是白沙和石头相结合的艺术，往往平平地铺上白沙，再将其扒制成纹理，纹理现出道道波痕，再以几块石头构成的"组石"来象征山岛，沙的细软和石的坚硬构成奇妙的关系，白色的沙滩和兀立的岛群，引领着人们的思想飞出现实的时空。枯山水妙在寂，假山妙在活。枯山水和假山都不是真山水，枯山水是枯的，假山也是枯的。但中国人是要在枯中见活，在中国艺术家看来，僵硬的石头中孕育着无限的生机；而在日本庭院艺术家看来，一片沙海，几块石头，就是一个寂寥的永恒。中国的假山要在创造一个"万物自生听"的世界，日本的枯山水则要在创造一个"太空恒寂寥"的宇宙。欣赏枯山水，人们在它的边缘，注视着它，但见得一片白色的世界在眼前延伸，人不可以走进这个世界。而中国的假山是一种让你融入进去的艺术世界，一片山水就是一片心灵的图画，山水之好，要在可居可游，人们不是在它的外围观看它，而是汇入山水之中，感受生生之妙韵。

　　正是基于对生命精神的认识，中国人在审美上对"生趣"颇为倾心，天机流荡、气韵生动、生趣盎然则成为判断艺术成败的基本标准。

生生不息

在中国哲学看来，宇宙万象，赜然纷呈，生生不已，流行不绝，这是一个健动不息的创造空间。中国人不是将世界看作一种定在"事物"，而将其视为一个"过程"，世界不是一堆"物"，而是一脉"流"。

生生哲学成就万物与人，最终是要成就人。"生生"照亮了我们对生命本质的认知之路。我们看到生命并非孤立的个体存在，而是一个相互关联、持续演进的宏大网络。对于个体而言，领悟"生生"思想意味着以更加积极开放的态度面对生命中的变化与更替。少年时如溪涧初涌，要在曲折中积蓄力量；中年时似大河奔涌，当在奔突中锻造韧性；即便老境如江海归帆，也可以在浩渺中照见永恒。不再畏惧衰老与消逝，因为我们明白这是生命循环的一部分，每一个阶段都孕育着新的生机。在挫折面前，我们能从"生生"的智慧中汲取力量，将困顿视为生命蜕变的契机，仿若种子虽在黑暗的土壤中历经磨难，却能破土而出。

于文明而言，"生生"是刻在民族基因里的密码。中华民族从未停止对生命奥义的叩问，生命常新的特质和昂然不朽的创造精神，赋予了民族坚韧不拔的品格和海纳百川的胸怀，无论遭遇多少艰难险阻，中华民族始终秉持着"生生"的信念，维系着族群的绵延、文明的赓续。

"生生"意味着时代的变易与进步，在当下这个快速变化的时代，我们更要积极融入"生生"的洪流之中。以敬畏之心对待生命，珍惜每一个与自然、他人以及文明对话的机会；在传承的基础上勇于

金 武元直 《赤壁图》

开拓，为生命的延续与发展注入新的活力。当个人的生命与"生生"思想紧密相连时，我们便成为生命传承的使者。

苏轼在《前赤壁赋》说："惟江上之清风，与山间之明月，耳得之而为声，目遇之而成色，取之无禁，用之不竭，是造物者之无尽藏也，而吾与子之所共适。"造物无禁，生命无尽，人放弃占有的欲望，融入大化流衍节奏中，便有永恒。清风明月本无价，近水远山皆有情，说的就是这意思。这"情"，乃是生生相连的义脉，而不是物质的永远占有。

　　生命是潜隐在中国文化中的不灭精魂，成为其延续数千年而不绝的关键力量。它源于"天地之大德曰生"的古老智慧，体现为天地宇宙的生生不息、万物与人的性命贯通，以及永恒的创造精神。这种精神如春雨润物，无声却有力地渗透在文化的每一个角落，天地万物无不充满昂然奋进之生命。

　　（作者朱良志系北京大学美学与美育研究中心主任、教授）

阴

阳

消长有序，互济共生

陈 来

阴阳之道是中华文明对世界规律的深刻洞察，以"一阴一阳之谓道""万物负阴而抱阳"的辩证智慧，构建起宇宙生成、自然运行的整体认知框架。它超越了单纯的哲学范畴，成为理解自然节律、调适人生状态、构建和谐关系的全面性思维模式。

　　"阴阳"观念渗透在中国文化的方方面面。《诗经·大雅·公刘》有"既景乃冈，相其阴阳"（丈量平原和山丘，观察阴阳天数），以"阴阳"象征地理方位；宋玉《九辩》有"四时递来而卒岁兮，阴阳不可与俪偕"，道出了四季更迭中阴阳的运行无法与人世悲欢同步的悲伤；杜甫《望岳》则有"造化钟神秀，阴阳割昏晓"，"造化"指的就是大自然，杜甫将"造化"与"阴阳"相对，也就把自然现象与哲理呼应起来。

　　"阴阳"是中国哲学根深蒂固的根本特征，贯穿于中国古代思想发展的脉络之中，广泛应用于天文、地理、医学、占卜等多个领域，对理解中国古代宇宙生成、万物变化，乃至伦理道德等观念具有重要意义。

一阴一阳之谓道

中国传统文化中的阴阳概念有悠久的历史。《易经·系辞》中说的"一阴一阳之谓道"精准概括了中国人对阴阳作为事物普遍规则的认识。在古人的认识中，万事万物都分阴阳两面，阴阳之间的互相转化，构成了事物运动与发展的基本条件。世界无时无刻不在变化之中，所以事物动静之中的阴阳是相互衔接而普遍存在的。

文学作品中最能概括地表现中国古人对"阴阳"观念的理解的，当数《红楼梦》第三十一回史湘云与丫鬟翠缕谈论"阴阳"一节：

史湘云道："花草也是同人一样，气脉充足，长的就好。"

翠缕把脸一扭，说道："我不信这话。若说同人一样，我怎么不见头上又长出一个头来的人？"

湘云听了，由不得一笑，说道："我说你不用说话，你偏好说。这叫人怎么好答言？天地间都赋阴阳二气所生，或正或邪，或奇或怪，千变万化，都是阴阳顺逆多少。一生出来，人罕见的就奇，究竟理还是一样。"

翠缕道："这么说起来，从古至今，开天辟地，都是些阴阳了？"

湘云笑道："糊涂东西，越说越放屁。什么'都是些阴阳'，难道还有两个阴阳不成！'阴''阳'两个字还只是一字，阳尽了就成阴，阴尽了就成阳，不是阴尽了又有个阳生出来，阳尽了又有个阴生出来。"

翠缕道："这糊涂死了我！什么是个阴阳，没影没形的。我只问姑娘，这阴阳是怎么个样儿？"

湘云道："阴阳可有什么样儿，不过是个气，器物赋了成形。比如天是阳，地就是阴；水是阴，火就是阳；日是阳，月就是阴。"

......

天地间的一切事物都由阴阳二气构成，阴阳是贯穿于自然、社会和人类生活的最基本概念。从宇宙万物到日常生活中的一切事物，都蕴含着阴阳的对立统一关系。无论是花草、树木、昆虫，还是日月星辰，都包含阴阳属性。例如，天为阳，地为阴；日为阳，月为阴；火为阳，水为阴。花草树木等植物的生长状况与阴阳之气的充足与否有关。气脉充足，事物就能茁壮成长，阴阳影响事物的生命力。

翠缕听了，点头笑道："原来这样，我可明白了。只是咱们这手里的扇子，怎么是阳，怎么是阴呢？"

湘云道："这边正面就是阳，那边反面就为阴。"

翠缕又点头笑了，还要拿几件东西问，因想不起个什么来，猛低头就看见湘云宫绦上系的金麒麟，便提起来笑道："姑娘，这个难道也有阴阳？"

湘云道："走兽飞禽，雄为阳，雌为阴；牝为阴，牡为阳。怎么没有呢！"

......

清代 孙温所绘《红楼梦》中湘云与翠缕谈论阴阳的场景

　　这段对话说的是阴阳可以相互转化。阴阳的属性是相对的，取决于事物所处的环境和状态。例如，树叶向上朝阳的一面为阳，背阴覆下的一面为阴；扇子的正面为阳，反面为阴。这种相对性表明阴阳并不是绝对的，而是根据事物的具体情况而变化。同时，阳尽则阴生，阴尽则阳生，阴阳之间是一个动态平衡的过程，而不是简单的此消彼长。

　　同时，在古人看来，阴阳的观念可以描述人类的生活，乃至伦理。除了男性为阳、女性为阴的观念外，在湘云和翠缕的关系中，女主人湘云是阳，仆人翠缕是阴，这是古代社会以阴阳观念表示人际关系的体现。更为普遍的则是，古人认为君子属阳，小人属阴。

　　《红楼梦》中不只有这一处谈论到了"阴阳"，不少地方都体现了曹雪芹调动这一古代思想的基本观念来服务其文学写作。也不仅仅是《红楼梦》，古代大量作品都展现了"阴阳"观念对于古人思维的影响。可见理解"阴阳"这一观念对理解古代生活世界何等重要。

独阳不生，独阴不长

"阴阳"观念是中国人宇宙观、世界观最为核心的观念之一，中国人对于时间、空间、因果、人性的论述，或多或少都与"阴阳"有关。

中国古代"阴阳"的概念来自对自然界事物运行与发展的观察与归纳。在传统思想中，阴阳是"气"的两种不同属性。这里的"气"是指最微细且流动的存在物，源于古人对于烟气、蒸气、雾气、云气等具体气的现象的观察，经一般化后成为自然哲学概念，反映物质的连续性。注重气的连续性，体现了中华文明对事物连续性的重视，这与中华文明作为"连续性文明"的特点相关。

作为两种不同属性的气，阳代表积极、主动的气，阴代表消极、被动的气。西周初年的文献中说明，阴阳的观念最初指日光照射的向背，向日为阳，背日为阴。《易经》将阴阳视为整个世界的两种基本势力或事物对立的两个方面。西周末期，阴阳不仅是宇宙普遍的基本对立，还与气的观念相结合。

春秋初期，阴阳观念已用于解释世界的两种基本力量。根据《国语》的记载，周幽王二年发生了地震，伯阳父认为地震是阴阳两种力量失去正常秩序所致，应该居上的阳处下位，应该在下的阴处上位，这种阴阳失调引发自然灾害。此后，气成为解释宇宙万物构成和变化

柳暗花明
蕾景亹
如苗陌上
榮萼、王
孫底淺春
遊俶韶物
宣和六字
題款靴
平堤試驅
驪晴絲賣
柳絲長
湖光山色
古狃句不
因宣事更
錄囊
乾隆御題

隋　展子虔　《游春图》

在这幅现存最早的卷轴山水画上，
画家用石青、石绿、淡赭色等不同颜色将山石的阴阳向背表现了出来。

62

63

的基本元素，阴阳成为解释万物构成变化的二元原理。长期以来，气与阴阳作为宇宙论范畴和学说，体现了中国人的思维特性。

在春秋战国百家争鸣中，阴阳概念被广泛运用。道家思想的创立者老子说"道生一，一生二，二生三，三生万物。万物负阴而抱阳，冲气以为和"，表明万事万物都有阴阳二气特性，阴阳有宇宙生成的意义，也影响现实事物发展。《易传》提出气分阴阳，强调阴阳二气可以相互感应进而化生宇宙的万事万物。战国时期阴阳家强调阴阳与五行的重要性，阴阳五行又与五德相关，有解释历史规律、预测事物发展的意义。这一时期阴阳思想百家争鸣，体现了古代思想家对宇宙生成、构成与发展的探索，阴阳二气观念成熟并普遍应用，展现出朴素唯物思想与科学思考观念。

汉代以后，阴阳观念与五行学说结合形成系统的阴阳五行学说，成为中国哲学的基本特征。在汉代思想中，阴阳、五行、四时是天地之气的不同分化形态，阴阳与五行、四时、五方、五色、五味等高度关联，发展出关联宇宙图式建构。

以河南南阳麒麟岗东汉画像石墓天象图为例。画面中央东方的青龙、西方的白虎、南方的朱雀、北方的玄武以及中间的天帝所代表的五星与五行灵韵生动、流转不息，左右两侧分别有象征阴阳的人首龙尾、怀抱日轮的伏羲和人首蛇躯、怀抱月轮的女娲，他们一同被北斗七星和南斗六星包裹，祥云缭绕。这幅天象图将阴阳五行等元素融入其中，直观呈现汉代宇宙图式的具象化表达。

经汉唐佛学传入、道教内丹学发展，阴阳学说逐渐体系化，成为古人看待宇宙与历史变化的核心学说。宋明理学家依据《易传》阴阳哲学发展阴阳世界观。理学家认为，阴阳变化是事物运动的根本

汉 河南南阳麒麟岗天象图画像石

原因和动力，事物差异缘于阴阳交感的不同属性，他们还据此发展出完整的历史发展年谱，体现阴阳观念与天文学等观测手段的结合。

总体而言，传统阴阳二气观念将世界物质属性视为根本，探索其中规律与奥秘。古人十分强调阴阳的普遍性。宋代思想家朱熹认为阳代表前进、上升等，阴代表后退、下降等，一切事物都有正反两面相互作用，这是宇宙及万物的本性，《红楼梦》中史湘云的说法正与朱熹观点相呼应。

中国古人把宇宙看作生生不息的运动过程，万物处于永恒的产生、转化、流动和变化中。阴阳、五行相互作用是生成的基本机制，而非由外界主宰创造或推动。这种"生生"变化的基本规律在于阴阳的对立统一关系，"生生"是依赖阴阳交感和转化的运动过程，阴阳交互作用推动宇宙变化、引发生命生成繁衍。在中国传统思想中，阴阳相互作用是宇宙生成的本质与动力，也因为"一阴一阳之谓道"，映射出了自然运动以及人类社会发展的客观辩证规律，成为人间道德的本源。

阴阳二气既相互对立，又相互作用、感应，其相互配合使万物生成、变化成为可能。阴阳对立互补是世界存在与变化的根源。从

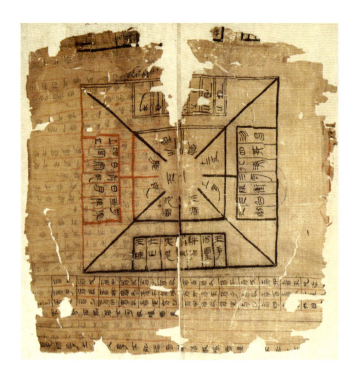

汉　马王堆帛书《阴阳五行》

纵向看，阴阳交替如昼夜更替、寒暑往来，阳气至极转化为阴气，阴气至极转化为阳气；从横向看，一切事物包括宇宙本身都是阴阳对立统一体，对立面相互交合、作用、渗透、转化。

阴阳观念不排斥对一体和谐的追求。不同事物调和、融合才能生成新事物，多样性的调和是生生的根本条件。《易传》"阴阳合德"，《庄子》说阴阳"两者交通成和，而万物生焉"，荀子说"万物各得其和以生"，都体现阴阳调和是古代宇宙论的普遍理想，阴阳相互作用是感合、吸引与配合。宋明理学思想家也认为对立冲突最终走向和解，在对立中求统一、化冲突为和谐。

宇宙是包含阴阳互补互动的整体，阴阳相互为对方提供存在条件，其相互结合构成世界及其运动。解决人类世界各种问题的根源在于处理各种对立面关系，中华文明古老的阴阳平衡思维，不仅是古代中国人的基本思维方式，在现代也具有普遍意义。

汉 描彩漆云气纹银扣奁

云纹在中国古代器物造型上应用广泛，
增加了云尾的云纹灵动感十足，被称为云气纹。

　　与西方近代机械论宇宙观不同，中华文明的宇宙观强调连续、动态、关联、整体。从有机整体主义出发，宇宙万物相互依存、相互联系，每一事物在与他者的关系中展现自身存在与价值，所以人与自然、人与人、文化与文化应建立共生和谐的关系。这种万物关联的宇宙观，也是"阴阳"观念的底色。

阴阳相生，刚柔并济

　　太极图作为中国传统文化的核心符号之一，展现出了中国人对宇宙万物的运行规律与本质特征的认识。太极图的基本形态是由黑白两条鱼形图案相互环抱组合成的圆形。黑色部分代表阴，白色部分代表阳，二者紧密相依形成整体，体现阴阳相互依存，缺一不可。就像在自然界中，白天与黑夜交替出现，没有白天的光明，就无法凸显黑夜的深邃；没有黑夜的宁静，也难以体会白天的喧嚣。二者相互对立，却又彼此成就，共同构成完整的时间循环。

仔细观察太极图，会发现白鱼中有一个黑点，黑鱼中也有一个白点，这便是"阴中有阳，阳中有阴"的精妙体现。在现实生活中，这样的例子比比皆是。比如寒冷的冬天是属阴的季节，但在晴朗的日子里，阳光洒下，会让人感受到温暖，这就是阴中有阳；而炎热的夏日是属阳的季节，在山林的树荫下却能感受到丝丝凉意，此为阳中有阴。这种阴阳相互包含的特性，表明世间万物都不是绝对的，而是相互渗透、相互转化的。

从动态的层面看，太极图中的阴阳并非静止不变，而是处于不断的运动与转化之中。就像阴阳鱼的形状，两鱼首尾相接，循环往复，相互转化。这种转化仿若四季的更替，冬至时，阴气达到极盛，但此时阳气已开始萌动；随着时间推移，阳气逐渐增长，到了夏至，阳气达到极盛，而阴气又开始孕育。世间万物也依照着这样的规律，一刻不停地发展变化。

在人生的旅途中，顺境与逆境也如同阴阳一样不断转化。道家经典《老子》中有"祸兮福之所倚，福兮祸之所伏"这样的论断，深刻揭示了阴阳相互依存、转化的哲理。塞翁失马的故事便生动诠释了这一思想：边塞老翁的马无故跑到胡地，邻人皆来安慰，他却认为这或许是福事；不久后，马带回胡地良马，众人道贺，他又忧虑这可能带来灾祸。果然，其子骑马摔断腿，邻人慰问，塞翁仍觉此事或有转机。最终，战争爆发，年轻人多战死，其子因腿伤未参战而幸免。在这个故事中，失马、得马、摔断腿、保命的情节不断反转，恰如阴阳的循环往复，生动展现了福祸相依、顺逆互转的辩证关系，

四川成都青羊宫里的阴阳图

提示人们以平和的心态面对人生境遇的变化。

　　在中国传统文化中，阴阳观念与道德伦理紧密相联。古人认为，善与恶的相对是合乎普遍法则的表现，人们应当正视社会的丑恶面。有了这样的认识，人就不会因社会的黑暗、丑恶面而厌倦、消极、退缩，而把同黑暗的斗争看作应有之义。虽然有善必有恶，但这种对立观念强调个体的道德修养目标应是去恶为善，在社会政治结构中应当进君子而退小人。虽然宇宙间永远不能无恶，但个人去恶存善是可能的。这种阴阳对立观正因为在相当程度上基于社会之善恶的对立消长，因而它始终强调阴阳对立中阳是主导的方面。阳主阴从这个观点并不是说任何一个具体事物中矛盾双方的地位永远不能

南宋 刘松年 《四景山水图》

转化，而是表示，从宇宙的整体来说，代表善的、向上的积极力量始终是主导的力量，这体现了中华优秀传统文化对善和正义的信念以及乐观主义的处世态度。

小人和君子分别对应着阴阳的两极。君子代表阳，象征着道德、仁义、和谐与积极主动；小人代表阴，象征着私欲、功利、混乱与消极被动。这种对应关系深刻影响着古人对社会秩序和统治者品德的认知。统治者若想治理好国家，就必须具备君子的品德，施行德政。如唐太宗李世民，他深知君子和小人的区别，广纳贤才，任用魏徵、房玄龄等贤臣。这些君子秉持着公正、忠诚的品质，为国家的公利出谋划策。在他们的辅佐下，唐太宗推行了一系列有利于民生的政策，最终造就了"贞观之治"的繁荣盛世。倘若统治者被小人包围，听信小人的谗言，就会导致国家政治腐败，社会动荡不安。所以，在中国传统文化中，阳居于上位，其象征的和谐景象要求统治者具有相当的治理才能与道德品质，施行德政才能政治清明、阴阳和谐。

在古人看来，人类社会是广大自然世界的一部分，是受天地阴阳五行的普遍法则所支配或制约的，人应当自觉仿照自然世界的本性和节律制定制度和原则来生活。阴阳的对立统一不仅是一种自然规律，也是一种社会伦理规范。古人注重人是自然的一部分，注重人在自己身上体现自然的本性，致力于人与自然的统一并与自然融为一体。也主张人要主动配合天地的阴阳生生变化，在与自然相协调的同时，协助并促进宇宙的和谐与发展。这样的思想观念深刻影响了传统文化的各个方面。

传统文化中的阴阳辩证统一、矛盾动态转换观念与马克思主义基本原理有相当的内在契合性。毛泽东同志在《矛盾论》中将矛盾普遍性和特殊性辩证关系原理、内外因辩证关系原理、矛盾的互相转化同中国革命实践相结合，这种唯物辩证法与中国传统思想中的阴阳观念有较为紧密的关联。《矛盾论》使用了古典名著《水浒传》中的唯物辩证法事例，还引用了《汉书·艺文志》中"相反相成"的思想观念来详细阐述辩证法的主要特征。可以说，《矛盾论》通过将马克思主义基本原理与中国传统"阴阳"辩证法有机结合，推动了马克思主义辩证法中国化，使马克思主义哲学说"中国话"。

在当今时代，阴阳相生、刚柔并济的思想仍然为我们科学全面辩证地认识与把握生活中的事物关系、人生的不同境遇等提供了重要的思想参照。

盈虚有数：阴阳平衡的世界观

阴阳观念的另一突出特征是强调阴阳和合、盈虚有数的平衡观念。在中国古人看来，只有阴阳二气相互协调，天地间才不会出现灾异，人民才能安居乐业。在政治领域，统治者需要以民为本，注重民生福祉，否则就会引发地震、干旱、山洪等灾害。比如，汉代的董仲舒认为，当统治者违背天道，施行暴政，导致社会秩序混乱、民生困苦时，阳气就会受到抑制，阴气相对过盛，进而引发自然灾害。若久旱不雨，董仲舒会解释为阴气不足，阳气过盛，这是上天对统治者失德的警示；反之，若洪水泛滥，则可能是阴气过盛、阳气被压制的结果。

董仲舒的理论对皇帝形成了一定的心理约束，使其不敢肆意妄为。尽管在实际政治生活中，皇帝的权力依然强大，但董仲舒的学说在一定程度上影响了统治者的决策。汉武帝时期，在面对灾异时，他会下诏罪己，反思自己的施政过失，调整政策，如减轻赋税、推行仁政措施等，以安抚民心，恢复阴阳平衡。这一理论在后世也被历代统治者所重视，成为封建王朝政治文化的一部分，时刻提醒着统治者要敬畏天命，关注民生，以维护社会的稳定和王朝的长治久安。

对阴阳平衡的追求还体现在中国传统建筑设计中。作为明清两代皇家宫殿的故宫，其建筑设计更是将阴阳思想发挥到了极致。故宫的前三殿包括太和殿、中和殿、保和殿，是皇帝举行重大典礼和处理朝政的地方，展现着阳刚之气，体现了皇权的威严和统治的力量。太和殿是故宫中最大、最宏伟的建筑，位于中轴线的中心位置，其建筑风格庄重威严，装饰华丽，处处彰显着皇家的尊贵。中和殿和保和殿则相对较小，辅助太和殿，共同构成一个完整的阳刚区域。后三宫包括乾清宫、交泰殿、坤宁宫，是皇帝和后妃们居住的地方，展现出阴柔之美。乾清宫在明代及清代康熙以前为皇帝的寝宫，坤宁宫在明代为皇后的寝宫，交泰殿则寓意着阴阳交泰、天地和谐。后三宫的建筑风格相对柔和，装饰较为细腻，与前三殿的阳刚之气形成鲜明对比，体现了皇家追求阴阳和谐、长治久安的美好愿望。

老百姓的家居建筑同样体现阴阳和合的理念。北京四合院作为中国传统民居的典型代表，其建筑布局蕴含着丰富的阴阳观念。走进四合院，首先映入眼帘的是影壁。影壁将院内与院外隔开，形成一个相对独立的空间。从阴阳角度看，院外为阳，充满了外界的喧嚣和不确定性；院内为阴，是家庭生活的私密空间。影壁起到了阻挡外界邪气、保护院内安宁的作用，维持了阴阳的相对平衡。四合院

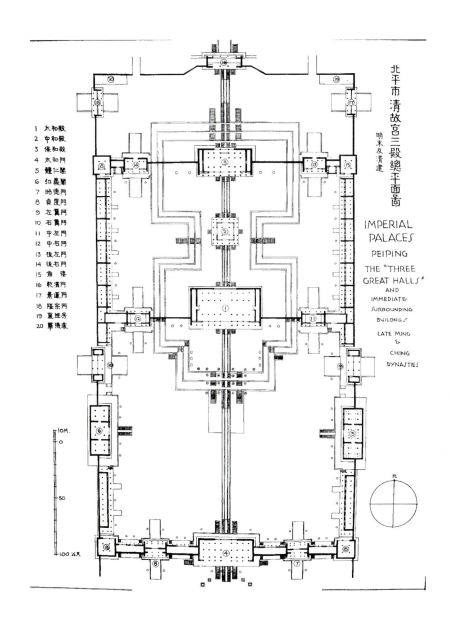

1 太和殿
2 中和殿
3 保和殿
4 太和門
5 體仁閣
6 弘義閣
7 昭德門
8 貞度門
9 左翼門
10 右翼門
11 中左門
12 中右門
13 後左門
14 後右門
15 角樓
16 乾清門
17 景運門
18 隆宗門
19 直廬房
20 軍機處

北平市清故宮三殿總平面圖

明末及清建

IMPERIAL
PALACES

PEIPING

THE "THREE
GREAT HALLS"
AND
IMMEDIATE·
SURROUNDING
BUILDINGS

LATE MING
&
CHING
DYNASTIES

北

10M.
0

50

100 公尺

梁思成所绘故宫三殿总平面图

75

上
故宫 太和殿

下
故宫 坤宁宫

山西乔家大院福字影壁

影壁也称照壁，既有在门内的，也有在门外的，
除了北京四合院，全国各地建筑中也常能见到影壁的存在。

的房屋布局也遵循阴阳对称原则，北房为正房，一般由家中长辈居住，南房相对矮小，多用作客房或储物间。北为阳，南为阴，长辈为阳，晚辈为阴，这种布局体现了长幼有序、阴阳和谐的传统观念。

中医理论认为，人体是一个有机整体，各个部位都与阴阳相对应，阴阳平衡是身体健康的关键，一旦阴阳失调，就会引发各种病症。中医所强调的"治未病"，就是根据阴阳协调的相关规律进行养生保健，起到强健身体、减少生病的效果。夏季阳气旺盛，万物生长繁茂，饮食上应多选择清凉解暑的食物。冬季阴气较盛，万物收藏，这时饮食应以温热滋补为主，以补充体内的阳气，抵御寒冷。传统养生学中的时令饮食，体现出古人顺应自然、调和阴阳的智慧，对现代人的健康生活仍具有重要的指导意义。

在书法绘画领域，阴阳平衡的观念还体现在审美的层面上，通

过对山水关系以及笔画、墨色、布局的巧妙处理，展现出中国传统艺术独特的魅力。以北宋画家范宽的《溪山行旅图》为例。雄伟壮观的山峰占据了画面的大部分空间，山峰高耸入云，气势磅礴，代表着阳刚之美。山峰的线条刚劲有力，墨色浓重，给人以强烈的视觉冲击。而山间的溪流则蜿蜒曲折，缓缓流淌，溪流的线条柔和流畅，墨色清淡，与山峰的阳刚形成鲜明对比，代表着阴柔之美。溪流穿梭于山峰之间，动静结合，使整个画面既充满了力量感，又不失灵动之美。

在书法艺术中，笔画的轻重、墨色的浓淡、布局的疏密也蕴含着阴阳的对比与调和。以李白的《上阳台帖》为例，其笔画粗细变化明显："山高"等字雄壮有力，如阳刚之笔，展现出雄浑之势；"水长"等字笔画则纤细轻盈，似阴柔之笔，增添了作品的灵动之感。在墨色运用上，则浓淡兼施。浓墨代表阳，给人以强烈的视觉冲击；淡墨代

宋　范宽　《溪山行旅图》

唐 李白 《上阳台帖》

表阴，使画面更具层次感和韵味。整幅作品在阴阳之间充分展示了诗仙李白旷达洒脱的性格特征，体现了阴阳和谐统一的审美旨趣。

在当代建筑设计与城市规划等领域，不同的功能区在空间中的和谐统一仍然是重要的研究话题与设计追求。2024年7月被联合国教科文组织列入《世界遗产名录》的"北京中轴线"就是城市规划设计的典范，反映出中国人阴阳和合的秩序思想。

阴阳之道是中华文明对世界规律的深刻洞察，以"一阴一阳之谓道""万物负阴而抱阳"的辩证智慧，构建起宇宙生成、自然运行的整体认知框架。它超越了单纯的哲学范畴，成为理解自然节律、调适人生状态、构建和谐关系的全面性思维模式。

在物质丰裕与精神焦虑并存的当下，阴阳相济启示我们在快与慢、动与静中寻找生命平衡；阴阳交感呼唤人类重新敬畏天地节律，在开发与守护中践行可持续发展；阴阳平衡成为个人身心健康的指引。这种源自上古的智慧，从未因时代变迁而褪色，反而在现代语境中焕发出新的生命力。

（作者陈来系清华大学国学研究院院长、教授）

和

合

多元共融，和而不同

张立文

观览宇宙的生生不息，鉴察人世的治乱变迁，古人在实践中
体悟和合之道的广大精微，构筑起天下和合的理想世界，为
中华文明开辟了开放包容、和平发展的康庄大道。

　　和合是中国文化的精髓，是先哲仰观俯察而体悟出的贯穿天、地、人的普遍原则。古人说"天时不如地利，地利不如人和"，可见对"和"的重视。

　　生活世界诸多和合元素的背后，是中国人精神世界中源远流长的"尚和合"的思想理念。观览宇宙的生生不息，鉴察人世的治乱变迁，古人在实践中体悟和合之道的广大精微，构筑起天下和合的理想世界，为中华文明开辟了开放包容、和平发展的康庄大道。

万物并育，和而不同

过去民间举行婚礼时，常会悬挂一幅图画，画上是两个天真活泼、笑容满面的孩童，一个手持荷花，一个手捧圆盒，盒中飞出五只蝙蝠。这便是广为流传的和合二仙图。图中荷花喻指"和"，圆盒喻指"合"，五只蝙蝠则代表五福，整体表达着"和谐合好，幸福美满"的祝愿。

画中的"和合二仙"，原型是唐代隐居在浙江天台山的僧人寒山和拾得，清朝雍正皇帝敕封二人为"和圣"与"合圣"。民间传说，寒山与拾得情同手足，但同时爱上一个女子，寒山得知后便离家去往苏州枫桥出家，拾得紧跟着去到苏州苦苦寻找，两人相见时，拾得折一枝荷花为礼，寒山持一盒斋饭相迎，后来拾得也一起在此地出家。二人离而复合的友情为人所传颂，成为"和合"的象征。

在寒山、拾得被尊奉为"和合二圣"之前，民间广为流传的"和合神"是唐代神僧万回。传说万回的哥哥当兵戍边，很久都没有音信，其父母因此忧思难解。万回为解父母之忧，便带着食物飞奔去边境看望哥哥。他早晨出发，当晚就带着哥哥写的书信回到了家中，到家时信上封口的糨糊还没有干透。他一日之间往返万里，报亲人平安，因而成为家家祈求团圆的和合之神。

无论是万回的神迹，还是"和合二仙"的民俗，都表达出人们向往和合、追求团圆的生活理想。

"和""合"二字在甲骨文、金文中已经出现。"和"最初指声音之间的相应，声音互相应和而能产生和谐的效果，所以有和谐、调和的意思。"合"象器盖相合之形，指事物的闭合或合拢，有合一、

84

清 竹根雕和合二仙

聚合、结合的意思。"和合"一词表示多样的要素或不同的事物能协调、融合、统一起来。

中华和合思想形成很早,《国语》记载史伯与郑桓公的对话时就出现了"和合五教"的说法,从春秋时期的"和同之辩"开始,先秦诸子都对"和""合"进行过阐释,从宇宙、万物、人生、性命、社会、政治等丰富层面提出了许多思想命题,比如"冲气以为和""礼之用,和为贵""致中和""君子和而不同,小人同而不和"等。可以说,在先秦时,和合就已经成为诸子百家"一致而百虑"的普遍认同,而在之后的历史流衍中,经过儒、释、道三家的反复诠释,和合思想进一步走向恢宏,不断塑造着中华文化的本质特征与精神品格。

　　和合是创生新生命的力量与过程。周幽王时，政事混乱，郑桓公担任司徒，他问史伯，周朝是否会衰败，史伯认为，"和"才能"生"，而周幽王"去和取同"，只亲近与自己意见一致的奸邪、愚顽之人，将必然走向衰亡。史伯说："夫和实生物，同则不继。以它平它谓之和，故能丰长而物生之。"

"和"不是相同事物的重复叠加，而是多元多样事物的统一与整合。相同事物的叠加不会产生新的事物，因此不具有接续创生的能力；只有多元要素的和合才能不断生化出新的事物，使世界生机勃勃。"和实生物"回答了万物从何而来、因何而有的问题，强调了"和"是多样事物协调统一的动态过程，是"生"的过程。

所谓"天地氤氲，万物化醇；男女媾精，万物化生"，人以及万物生命的生成是天地阴阳之气、男女之精交感合会的结果。"和乃生，不和不生。"单独的阴、单独的阳都不具有"生"的能力和功用，只有阴阳的和合，才能实现万物的生生。"和"内蕴无穷的生机与活力，是宇宙大化流行、生生永续的根源。

和合是万物共生共在的自然有序状态。从阴阳和合中生成的宇宙万物，在宇宙间以一种自然和谐的秩序共同存在着，呈现出"万物兴歇皆自然"的生动景象。史伯说："声一无听，物一无文，味一无果，物一不讲。"单一的声调不能谱成好听的曲子，单一的颜色不能形成美丽的文采，单一的味道不能做出可口的美食，单一的事物没法进行比较与评论。单一的、千篇一律的世界必然是枯燥而乏味的。世界的美好正在于其丰富性、多样性。和合是对多样性、差异性、丰富性的容纳与保护。自然之道，与时变化，四季流转皆有其规律，万物生息都有其特点，和合不是用一种标准齐一万物，而是希望万物都能依照自己的天性生存，万物都能各得其所而互不妨碍，正所谓"万物并育而不相害，道并行而不相悖"。

"和羹之美，在于合异。"春秋时，晏子向齐景公解释"和"的内涵时说："和"的实质就如同做肉羹，水多了会淡，火候过了会焦，要掌握好水量与火候的平衡，还要用醋、酱、盐、梅来调配味道，

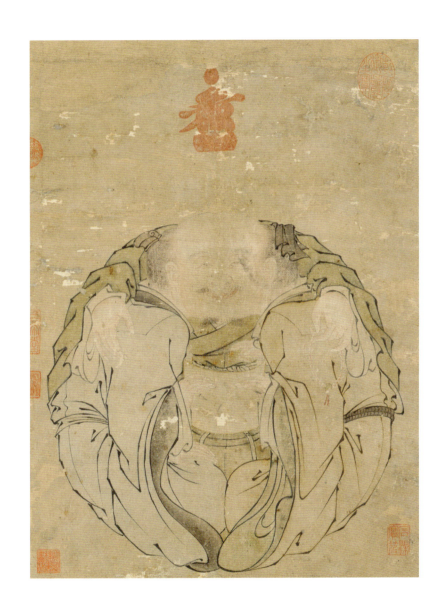

明　朱见深　《一团和气图》

图中乍看似一人，实则描绘了法师慧远、道士陆修静、儒士陶渊明三人，
体现了明宪宗朱见深希望三家合流、和睦相处、朝野安定、国泰民安的思想。

西汉 彩绘乐舞杂技陶俑

陶俑有的演奏，有的跳舞，有的表演武术，再现了西汉乐舞百戏的热闹场面。

让味道协调适宜、恰到好处，如此才能使肉羹美味。

将相互差别甚至是对立的多种事物融合成新的有机整体，这一整体在多样要素的平衡与协调中达到最理想的状态，这就是和合。也就是说，不同是和合的前提基础，具有积极价值的新的统一体是和合的最终目标。

所以，由和而合，因和而合，和合是多而一的过程。音乐也能很好地体现和合的意蕴。不同乐器的音调、音色都不相同，各有大小、清浊、短长、刚柔、快慢、缓急、哀乐之不同特点，但通过适宜的配合、恰当的节奏又能使它们和谐有序地融汇出悦耳动听的曲子。风吹万窍，其声不同，庄子所讲的"天籁"，正是天地之气吹奏而出的万物群生最自然的和合乐章！

天地间的一切现象背后都蕴含着和合。古人在对天道元理的体贴中把握到和合的真谛，形成了多元共生、和而不同的世界观。在这一观念下，宇宙是生命和合生生的动态过程，也是万物和合共生的统一整体。和合的世界观，基于不同而求和谐，涵容多元而成统一，既承认万物本有的多样差异，尊重每一个体的存在价值，又强调构建有序的协作系统，在互联互通中发挥整体的力量。

当今世界，信息化、全球化使地球村越来越"小"，国家与国家、人与人之间的联系更加紧密，全人类成为利益交融、安危与共的命运共同体。着眼人类共同福祉的人类命运共同体理念，正是和合世界观在新时代的彰显。

政通人和

人处天地之间，与天地并立，天道、地道、人道其实是一个"道"。"人法地，地法天，天法道，道法自然。"人类社会的秩序建构理应效法天地的自然秩序。上古帝尧命羲和氏推算日月星辰的运行规律，制定农时历法传授给人们，让人们的生产生活能够与天时节气相协调。大禹平治水患、划定九州，使华夏地域成为井然有序的整体。天上的日月星辰为人的生活确定了时间的尺度，地上的山脉河流为人的生活展开了空间的坐标，人于是在其中构建起生息繁衍的家园。

《大学》提出格物、致知、诚意、正心、修身、齐家、治国、平天下的"八条目"，展现了个人立身治世的次第。就治世而言，治国平天下的外王理想，要实现的目标是"群居和一""政通人和"，也就是社会和平稳定、政事通达和谐、百姓安居乐业。《尚书》提出"庶政惟和"，认为一切政事都要以"和"为原则、为目标。可以说，中国传统政治秩序的构建在各个层面都贯彻着和合的精神。

君臣上下和顺一心是良好政治秩序的体现。《尚书》中记载，伊尹告诫商王太甲时说："其难其慎，惟和惟一。"最需要注意的、最难的就是和谐与一致。对于君臣关系来说，"和"意味着"和而不同"。春秋时，齐景公认为大臣梁丘据与他的关系最和谐，因为梁丘据总是认同他的观点。对此，晏子表示，梁丘据一味地赞同只是对君主的谄媚与迎合，这是"同"而不是"和"。一味地认同对于政事的商议没有积极助益，反而会妨碍政事的完善。君臣的和谐互动，是各有职责的"相济"，并不排斥不同的意见，反而恰恰因为不同意见的存在才能促使君主做出更好的决策。唐太宗和魏徵的君臣关系被千古传颂，也正是因为魏徵敢言直谏，唐太宗又善于纳谏、从善如流。唐太宗将魏徵视作检查自身行为的一面镜子，在听取意见中明白自己的对错得失，从而成为一代明君。兼听则明、和而不同，和合是相处之道，也是智慧之道。

除了"和"，君臣关系还讲求"一"。这个"一"是要团结一心。《尚书》中记载，周武王誓师时说："受有臣亿万，惟亿万心；予有臣三千，惟一心。"商纣臣民虽多，但离心离德，我的臣民虽少，但都能团结一心，同心同德。"一心"是取得胜利的关键。君臣的"一心"，指君臣统一的志向，应当是共同秉持的为民施行德政、善政的初心。有了一致的目标，有了共同的心志追求，君臣之间乃至举国上下才能团结起来，发挥整体的力量。这是和合汇聚众力的过程，是和合生命力的另一种体现。

郑公魏徵少有大志通贯儒术
秦王即位拜谏议大夫日益亲
或引至卧内访天下事徵欣自
以不世遇展尽底蕴凡二百餘
泰无不剀切帝即位四年天下
大治谓羣臣曰此徵勤我行仁
义阮敀矣

魏徵

清 沈源 《凌烟阁二十四功臣像》之魏徵

不仅是君臣关系，任何团队、集体想要做成一件事、做好一件事，首先需要的就是各成员的和合一致，通过和而不同的意见交换汇聚众智，向着共同的目标团结一心地前进，就一定能收获成功。这就是"众人拾柴火焰高""人心齐，泰山移"的道理。

百姓生活和平安定是美政善政的基本追求。中国古代社会以农耕为本，男耕女织、安居乐业是老百姓朴素的生活理想。中国传统政治理念追求"民和"，即使民众的生活处在和合的状态中。《尚书》记载大禹之言："德惟善政，政在养民。"君主之德重在施行良好的政策，良好的政策关键在于养育民众。要使民众得其所养，就要正德、利用、厚生。史伯说："商契能和合五教，以保于百姓者也。"这里的"五教"，指的是父义、母慈、兄友、弟恭、子孝五种伦理观念。"和合五教"就是让父、母、兄、弟、子都能具备相应的伦理德行，使

西汉 "中国大宁"瑞兽博局纹鎏金铜镜

铜镜饰有朱雀、青龙等瑞兽纹样及云气纹，镜缘铸有"中国大宁，
子孙宜昌"等吉语，寄托了对国家安定、家族昌盛的祈愿。

此五种伦理教化达到和谐融洽的状态。百姓体认、容纳道德的教化，家庭、社会、政治的诸种关系便能得到恰当处理。

除了布五常之教，还要施仁德爱民之政，以保障百姓的基本生活。仁政爱民，就是用最朴素的仁爱之心关心百姓的基本生活，让百姓吃饱穿暖，安定无忧。《管子》提出："畜之以道，则民和；养之以德，则民合。和合故能习，习故能偕。"秉持自然之道，广布仁爱之德，在大道与至德的蓄养中，民众百姓就能真正实现和合，而不受伤害。

养民、保民、爱民，就是要通过恰当的政治举措使民众实现和悦和顺的理想生活，而民众生活的和合最终指向的是天下和合、天下大同的理想政治愿景。大同之世，天下属于所有人，官吏的选拔以贤德与才能为标准，人人都关系和睦、讲求信用。大同之世的"同"不是相同、同质之"同"，而是各得其养、各安其所的"和"。可以说，"大同"即是"大和"，是人参赞天地自然和合之道而构建的和谐有序、和乐安定的人世共同体，是和合价值理想的生动表达。

协和万邦

"海纳百川，有容乃大。"和合具有的容融差分、整合多元的思维特性，造就了中华文明开放包容、兼收并蓄的胸怀与气度。回溯历史，中华文明的发展演进本身就是一个不断融汇多元文化而创新发展的和合过程。历史上不断有外来文化和宗教进入中国，在经过与中华本有思想文化的碰撞、冲突、交流、融合后，最终又都成为中华文化的有机组成部分。

隋唐以来，儒、释、道相互论衡，逐步走向融合，唐玄宗就曾亲自注释儒家《孝经》、道家《道德经》以及佛家《金刚般若波罗蜜经》三部经典，三家并行合一，是中华文明的独特现象，是中华文明和合包容的精神品格的体现。唐朝作为中国历史上的盛世，有着恢宏大气、开放包容的文化气象。李白有诗言："落花踏尽游何处，笑入胡姬酒肆中。"元稹也写道："女为胡妇学胡妆，伎进胡音务胡乐。"胡姬酒肆，葡萄美酒，胡服、胡妆、胡乐融入人们的日常生活，胡

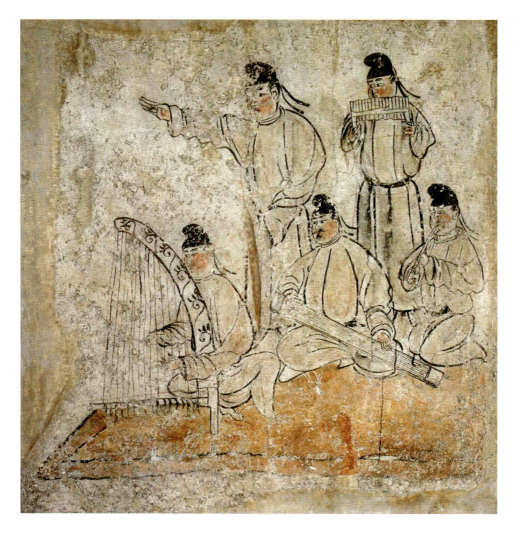

唐 苏思勖墓壁画 《乐舞图》局部

根据乐器种类和组合判断，此乐舞以胡乐为基础，又融合了汉族传统乐舞的特点。

风流行，可见唐朝多元文化交融的和合氛围。

　　中华文明以其突出的包容性，尊重、接纳不同的思想文化、宗教信仰以及生活方式，自古就走出了一条文明交流互鉴的和合道路。西汉时张骞两次出使西域，开辟了横贯东西、连接亚欧的丝绸之路。通过丝绸之路，不仅中西方商业贸易繁荣发展，各种特色物产互通有无，而且思想文化也深入交融。除了陆上丝绸之路，双向交流的海上丝绸之路也随着航海技术的发展畅通起来。

如今，接续古老的文明交流之路，中国又提出共同建设"丝绸之路经济带"和"21世纪海上丝绸之路"的倡议。共建"一带一路"倡议，坚持了共商共建共享的原则，是构建人类命运共同体的具体实践。从古至今，中国尊重文明多样性、倡导交流互鉴的思想理念一脉相承。

"四海之内皆兄弟也。"中华文明突出的包容性还塑造了中华文化"亲仁善邻、协和万邦"的国际观。"亲仁善邻，国之宝也。"亲近仁者，仁爱待人，友善四邻，是中国人自古以来就秉持的处世之道。仁者爱人，与人为善，"己所不欲，勿施于人"与"己欲立而立人，己欲达而达人"的"忠恕"原则是实践"仁"的具体要求。以仁德友善四周邻国，就是要和睦相处、和衷共济、合作共赢。

在中国人眼中，人与人之间、邻里之间、国家与国家之间都不是相互对立、冲突矛盾的敌对关系，而是相互依存、同舟共济的伙伴关系。个人、家族、国家的强大不靠战争攻伐，而要靠仁德道义，使近者亲附、远者悦服。这便是王道和霸道的区别，只有仁政王道方能无敌于天下。正因如此，在对待其他族群、国家或文明时，中国从不主张诉诸武力，也不推行强权，而是秉持怀柔远人、以文化之的友好交往原则，走和平发展的道路。

唐朝时，吐蕃松赞干布向唐太宗请婚，唐太宗最后决定命文成公主前往和亲。"自从贵主和亲后，一半胡风似汉家。"文成公主入蕃，带去了中原先进的人才与技术，向吐蕃人民传授了种植、纺织、冶金、农具制造、房屋建造等多种技艺，促进了吐蕃农业、手工业及宗教文化的发展，也推动了汉藏文化的交流，增进了汉藏两族人民

唐 阎立本 《步辇图》

松赞干布遣使臣到长安（今陕西西安）向唐王朝求婚联姻，
唐太宗李世民决定将宗室女文成公主许配给松赞干布。画家阎立本记录下了这次会面。

明 布施锡兰山佛寺碑（拓片）

该碑于20世纪初在斯里兰卡被发现，刻有中文、波斯文、泰米尔文，为郑和第三次远航时所立，记录了郑和船队在此地的巡礼、布施，是我国与斯里兰卡古代友好交往的见证。

的友好关系。

明代郑和七下西洋，造访了东南亚、南亚、西亚诸多国家，没有劫掠财物，也没有侵占土地，与后来的西方殖民者形成了鲜明对比。郑和船队每去一个地方，总会带着礼物赠予当地人民，传递中华的友善，当地人民也欣喜地将当地珍宝送给郑和船队，表达他们的友好。

友邦四邻，修好与共，和睦相处，文明交流，这些故事都体现了中华文明突出的和平性。

中华文化追求天下和平的文明秩序，期望各族群建立一种至广至大的和合共同体。《尚书·尧典》有言："克明俊德，以亲九族；九族既睦，平章百姓；百姓昭明，协和万邦。"施政者修养自身之德，使百官各司其职，使亲族和睦共处，进而以良善的政策使百姓生活安定，最终使天下各邦都得到教化，和谐一致，最终达成和合天下的理想。万国咸宁，协和万邦，中国从来就自觉地以和平、合作为处理国际关系的基本原则，力求实现各族群、国家、文明和睦相处、共同繁荣的和合愿景。

与中国文化崇尚和合不同，西方文化往往强调竞争和冲突。20世纪90年代，哈佛大学教授塞缪尔·亨廷顿提出"文明冲突论"，

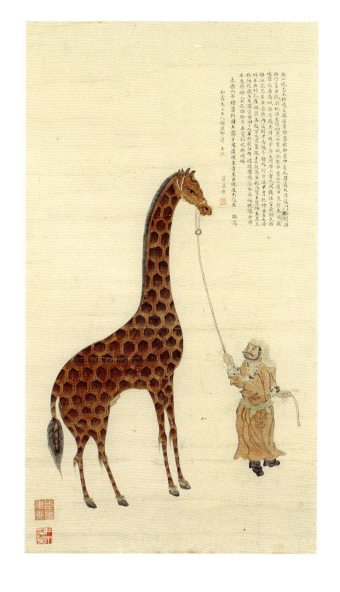

清 陈璋 《榜葛剌进麒麟图》局部

榜葛剌是郑和每次航运必经之地，
其国王两次派使臣来中国进献麒麟（长颈鹿）。
此图为清人陈璋临摹明画而成。

认为冷战结束后新世界冲突的根源将是文化的、文明的冲突。"文明冲突论"接续了西方文化对"斗争性"的强调，影响甚大。数学家冯·诺伊曼创立零和博弈论。零和博弈意味着，一方所得必定是另一方所失，整个社会的利益不会因此增加，因此要获得利益，就要想尽办法损害竞争对手的利益。按照零和博弈论，博弈者将永远没有合作的可能。文明冲突也好，零和思维也罢，本质上都是非此即彼、二元对立思维的显化。

而中国哲学则反对二元对立，崇尚和合一体。庄子讲过一个关于"浑沌"的寓言，其故事说：南海之帝是儵，北海之帝是忽，有一次儵与忽一起来到中央之帝浑沌这里，浑沌很好地招待了他们，儵与忽就想着回报一下浑沌。怎么回报呢？儵与忽说：人人都有七窍，可以用来视听食息，而只有你没有，我们尝试给你凿出七窍。于是，倏、忽便每天给浑沌凿出一窍，七天时间终于凿出七窍，而浑沌也就死了。这里的"浑沌"没有七窍，是浑然一体的存在，不以各种感官区分世界，内无区隔而外无分别，正是"和合"的象征。浑沌因其和合而生机沛然，其浑然之状并不是混乱，而是自然有序、生机内蕴、充满可能性的。开凿七窍则破坏了浑沌的和合。从这个故事也可以看到，中国文化崇尚和谐、合一，摒弃分别、对立。

中华文化主张的和合理念，与斗争、冲突、区分、对立的西方思维模式恰恰相反，和合的理念主张和平、发展、合作、共赢，认为人类是休戚与共、风雨同舟的命运共同体，互相支持、团结合作才是人间正道。在全球化语境下，中国倡导构建人类命运共同体的理念，正是对传统和合思想的创造性转化和创新性发展，开启了和合天下的时代新篇章。

人生和乐

"天地合而万物生，阴阳接而变化起。"天地阴阳和合融通，万物方能生成运化。天地之间，阴阳之气平顺和畅，便能四时有常，风调雨顺，呈现"和风吹绿野，梅雨洒芳田"的祥和图景；反之，"阴阳错行，则天地大骇"，多生自然之灾患。人的生命也是如此。如果体内阴阳之气通达无碍，则冲和自然，身心安泰；反之，如果气机郁滞，则百病丛生，苦不堪言。所以古人讲："和气致祥，乖气致异。"可以说，和合是万物生机之源，更是生命长养之本。

以和合之道修身养性，要在"心平气和"中找回生命的自然状态。道家认为，"婴儿"的状态是最自然、最和合的。老子说："含德之厚，比于赤子。"刚出生的婴儿，生机完全，德性浑厚，不被毒虫猛兽攻击，终日哭号嗓子也不嘶哑，骨弱筋柔但拳头紧握。为什么婴儿能如此？因为他心无自我，没有将自己与外在世界相区隔，没有物我对立，也就不会造成伤害；因为他至柔至和，精气完足，身体时刻都在更新生化，所以充满了强大的生命力。婴儿的"柔和"是和气充盈、生机不歇、无欲无我的自然状态，代表了身心和合、物我和合的理想生命境界。

随着人的长大，对自我的执着越来越强，对外物的追逐越来越多，对心神的耗损越来越大，婴孩时禀受的生命之"厚德"也就越来越薄。如何让生命回返到"婴儿"般的自然状态呢？关键在养心。"养生先养心，心养则寿长。"养心就是要使心神安定平和，做到"不以物喜，不以己悲"，做到"宠辱不惊，去留无意"。孟子说："养心莫善于寡欲。"心就像一个屋子，欲求过甚，就仿佛将屋子堆满杂物，便再没有空间安放精神，便再无余地发挥灵明妙用。所以，减少欲望，才能让心灵洁净空灵。老子说："致虚极，守静笃。"就是希望心灵回归到虚静的本来面貌。

养心还要使情绪中正平和。"七情之伤，甚于寒暑"，过度的情绪会伤害身体、扰乱心灵。所以，古人强调要调节情绪，保持内心世界的平和。《中庸》说："喜怒哀乐之未发，谓之中；发而皆中节，谓之和。"涵养未发，调节已发，使情绪都能适宜，才能血气平和，志意广大。在减损欲望、中和情绪中让心神平静安定，便能引导形躯之气顺畅运行，最终实现生命整体的和合通达。正如公孙弘所说："心和则气和，气和则形和，形和则声和，声和则天地之和应矣。"个体身心的和合最终会促成人际关系的和合共处，还会推致人与天

清　《升平乐事图册》之一

地的和合一体。

　　以和合之道修身养性，要在"和光同尘"中实现人际的和谐相处。"蜗牛角上争何事？"在古人看来，是非、名利的争竞不息，不仅没有意义，而且妨碍人生真正价值的实现。所以，对于人我的纷争、世事的矛盾，古人主张以和同之法化解、以宽和之心对待。老子提出的"和光同尘"，就是要人止息逐物的欲望，消解是非的争端，打磨自我的锋芒，收敛自身的光耀，从而与他人、与外物相和同。这种态度，内有自己的坚守，外能与人融洽，既不随波逐流，也不强人从己。

荀子说:"和则一,一则多力,多力则强,强则胜物。"人群和合一体,便能在尊重、团结他人中汇聚起共同力量。人们总说,"家和万事兴""兄弟齐心,其利断金",正是因为父子、兄弟、夫妇的和合一心,能为家庭的兴旺发达凝聚合力。

由家庭推及邻里,人们常说"远亲不如近邻",邻里关系的和谐是人类群体守望相助的基础。清朝康熙年间,大学士张英在家乡的府第和一吴姓人家相邻,吴家盖房想要占张家的空地,两家人因此发生纠纷告到县衙。张家人写了书信驰送京城,张英看完信后写了一首诗寄回家里,诗曰:"一纸书来只为墙,让他三尺又何妨。长城万里今犹在,不见当年秦始皇。"张家人得到回诗,理解了张英的容让之意,于是拆掉围墙,让地三尺。吴家见此深受感动,便也让出三尺之地,两家之间因此形成了一条六尺宽的巷道。"六尺巷"被传为佳话,正是因为"让他三尺又何妨"所彰显的谦和礼让之德。处事和为贵,待人让三分,是中国人在生活实践中积淀的和合智慧。

以和合之道修身养性,最终要走向"天人和乐"的人生境界。从自我身心的和合,到人际社群的和合,再到人与万物群生的和合,进而到人与天地宇宙的和合,人的生命由内而外不断延展而最终达致天人一体的最广大的和合之境。庄子言:"天地与我并生,万物与我为一。"人与天地大化合一,向一切存在打开自身,小我转化为大我,有限升华为无限,真正消解物与我的对立而走入整体性的和合之中。

孔子曾让子路、冉有、公西华、曾点各自讲述自己的志向,子路要治理千乘之国,冉有想使小国之民富足,公西华愿掌宗庙之事。

宿雨清畿甸
朝陽麗帝城
豐年人樂業
隴上踏歌行

与他们三人不同，曾点则说："莫春者，春服既成，冠者五六人，童子六七人，浴乎沂，风乎舞雩，咏而归。"孔子听后感慨道："吾与点也！"为什么孔子赞同曾点之志？因为曾点描述的画面正是一幅礼乐和谐、天人和合的乐道图景。"乐哉舞雩游，千载吾与点。"孔子疏食饮水乐在其中，颜回箪食瓢饮不改其乐，孟子反身而诚乐莫大焉，庄子逍遥而游自得自乐，中国先哲追寻的人生乐境，从来都不是物质享受之乐，不是名利尊荣之乐，而是求道修德的生命超拔之乐，是宁静恬淡的自然本真之乐，是保合太和的万物共生之乐。

和合展现了中国人和谐、和平的精神追求，融合、合作的实践智慧。和而不同、和合共生的理念，已沉淀为中华民族看待世界的根本法则，成为化解矛盾、促进共生、维系多元统一的文化基因。

和合思想是"家和万事兴"的处世准则，是"礼之用，和为贵"的治理智慧，更是国际交往中协和万邦的文明自觉。当以和顺道德筑牢社会的根基，以和而不同理顺复杂的关系，以内和外顺安顿身体与心灵，以和衷共济促进文明的交融，实现人与自身、人与人、人与自然、国与国之间持久的和谐。

（作者张立文系中国人民大学哲学院教授）

治世

『天下为公』的宏愿，『民为邦本』的担当，构筑起
治世思想的根基。礼乐调和秩序与情感，家国绾系
乡土与邦国，『日新』驱动变革与发展。从典籍中
的治国方略到历史长河里的实践探索，古人的治理
智慧早已沉淀为经世致用的生存哲学。

天下

大道之行，天下为公

陈 赟

中国人心目中的天下将"大家"都包容进来，让每个人在天下
都有如在家中的归宿感，这就是"天下一家"的秩序理想。"天
下兴亡，匹夫有责。"天下关切积淀在中华文明的基因里，形
成一种文化的氛围。

"大道之行也，天下为公"，一句话道出了中华文明的最高秩序
理想。天下并不是一人、一家、一族、一国的天下，而是所有人的天
下，它表达的是一种超出个人、民族和国家的普遍秩序。

中国人将天下看作一个公共的、开放的空间，而不是可以占有的
私有财产。即便你能够"马上打天下"，甚至"马上得天下"，却不可
能"马上治天下"。天下不仅是政治形态，同时也是一种秩序理想，更
是一种渗透到中国人精神世界中的价值理念。

天下一家

"四海之内皆兄弟"，天下都是一家人，这是中华文明对天下的最素朴的理解。天下是一种秩序形态，作为人类社会的一种组织方式和原则，它将所有人都纳入其中。汉语中有"大家"一词，区别于英语的"我们"（we或us），"大家"可以包括所有人，而"我们"之外则有不同于"我们"的"你们""他们"。西方思想总是基于"我们"与"你们""他们"的区分建立社会秩序，城邦、民族、国家被想象成"我们"的不同类型，而"他们"则构成了"我们"的边界，"我们"以外非友即敌，敌友区分构成秩序创建的基础。

中国人心目中的天下是最具开放性的，它将"大家"都包容进来，而且最大限度地让每个人在天下都有如在家中的归宿感，这就是"天下一家"的秩序理想。

"天下一家"的前提是"天下有道"。"天无绝人之路"，人人都有路可走，都能在同一个天下安身立命，这就是"天下有道"。道是秩序与和谐的结合：不仅社会井井有条，物各有序，而且，任何一方与另一方都能和谐相处，两不相伤。有序与和谐的结合，才是"天下一家"理想的实质。

中国人言必称三代，此处"三代"指的是早期中国的三个王朝，即夏、商、周。追溯天下的起源，同样可以回到三代。中华民族之所以崇尚三代之治，就是因为它树立了基于当时社会历史条件的"天下一家"的治理典范。4000多年前的大洪水时代，大禹顺应中国地势西北高、东南低的特点，采用顺势疏通而不是筑堤围堵的方式，成功地治理了大洪水，这使得中国成为人类历史上最早成功治理大

宋 王希孟《千里江山图》局部

主峰挺拔入云，气势磅礴，群峰围绕四周，是古代政治秩序的象征。

洪水的国家。由于治水需要，大禹不得不协和分散的互不连属的万邦，共同面对肆虐的洪水，在这个过程中建立了最早的天下政体。后来，商汤、周文王、周武王、周公等杰出的政治家都能居中国而治天下，顺天意而合民心，以柔性的礼乐而不是僵硬的制度和野蛮的暴力来平治天下，实现了天下的长治久安，为人类文明树立了小康社会的最早典范。

三代之治，采用了宗法等一系列礼法体制，把天下人纳入同一个大家庭中，天地是人类的共同父母，作为人间统治者的王则是天的嫡长子，其余人则是天子的兄弟，天下被视为一个放大了的家庭。天

南宋 赵伯驹 《禹王治水图》局部

子接受天命，代表上天来治理天下人。天意难见，只有通过民心、民意、民情，才能把握天意，"得民心者得天下"。因而，天子大公无私，为民着想，天下才能太平。虽然三代已经成为历史的过去，那些具体礼乐举措在后世再也无法照搬实施，但"天下一家"的三代理想，却已深入人心。

"周公吐哺，天下归心"的故事，激励鼓舞着后人。周公作为辅政者，以天下苍生为念，为了接待治理天下的贤能之士，沐浴时常常多次挽起湿发出来会客，吃一顿饭也要多次吐出口中食物来接待访问

　　的客人。对贤能的渴求和尊重，最终使周公赢得了天下人的归服之心。为政者唯有胸怀天下、心系苍生，才能带来天下归心的理念，成为铭刻在中国政治文化基因里的重要元素。在这个意义上，"三代"不仅仅是早期中国历史的一个特定时期，更是中华民族永远的学校。

　　"天下大势，分久必合，合久必分。"周秦之际，礼崩乐坏，三代的天下政体解体，诸侯异政，百家异说，天下分化为政治的天下与文化的天下。撑起政治性天下的是国家，但在诸侯们逐鹿中原、争夺天下的情况下，国家只是个权力外壳，无法带来秩序，人们不得不寻求

内心的精神安顿，文化的天下应运而生。诸子百家各有主张，但在长期的论辩中，孔子及其门人整理六艺，对于三代文明进行了系统的消化和总结，并在此基础上重建秩序理想，孔子及其学派的三代叙事和秩序理想，逐渐被广泛接受。于是，孔子被圣化，成为中华文明的代表性人物；六艺被尊为六经，成为中华传统文明的代表性经典。六经汇聚了先王治理天下、推动人类文明进程的典型经验，揭示了人性的本质和文明的根本，成为当时文化的天下的主干部分。在周秦汉初的时代，政治的天下与文化的天下处在对立平行、相互否定的状态，秦始皇虽然统一六国，创建了秦帝国，但由于未能吸收文化的天下，二世而亡。

　　西汉的汉武帝以秦为鉴，采纳董仲舒的建议，将政治的天下与文化的天下结合起来，建构了大一统的天下型国家。自那时一直到清

116

代，尽管中国历史不乏王朝更替和权力更迭，甚至也有异族入侵，但所有王朝都以"中国"作为自己的认同，都将中华文明的接续和传承作为自己的使命，都为前朝进行历史编纂，将其作为中国历史的一个阶段，从而维系了中华文明在世界上绝无仅有的连续性。这背后就有天下型国家中国家与天下的大一统结构在起作用。

天下型国家本质上是以文化的天下来丰富政治的国家，以政治国家的力量来充实文化的天下。如果说天下型国家中的国家因素偏重于政治秩序和社会组织，那么天下因素则越来越指向以天下太平为理念的中华优秀传统文化。贯通天下秩序中天下与国家两大要素的，是"仕而优则学，学而优则仕"的士大夫。他们进可以进入国家的官僚集团，协助君主治理天下；退则可以从事学术和教育，推动天下风俗的淳化。

西方知名学者约瑟夫·列文森曾经主张，中国从传统走向现代，是一个从"天下"到"国家"的过程。但更多的西方学者则发现，即便是当代的中国，也无法仅仅用政治性的国家来解释，文化的天下仍然是内在于中国这个国家的一个根本要素。因此，在他们看来，中国既不像一个国家，又不像一个帝国，更像一种绵延千载的巨型文明。其实，自汉武帝以来，中国就以大一统的天下型国家定位自己，中国人追求的不仅仅是国家的富强和人民的福祉，更有天下太平和人类大同，而其中最重要的一个方面就是中华文明在历史中的生生赓续。

天下兴亡，匹夫有责

既然天下是每个人的天下，那么，天下事就是每个人的分内之事，由此在中国人的精神世界中产生了一种天下情结，这种情结表现为一种基于人类整体的天下关切和具有世界历史意义的天下视野。

"天下兴亡，匹夫有责。"顾炎武这句话千古流传。只要事关天下的公共利益，每个人都有责任守护它。这种关切造就了一种"先天下之忧而忧，后天下之乐而乐"的士大夫精神：乐则与天下同乐，以天下人之所乐为乐；忧则与天下同忧，以天下人之所忧为忧。天下是人民的天下，以人民福祉为念，被视为执政者的责任。"安得广厦千万间，大庇天下寒士俱欢颜"，这构成了士大夫和执政者的基本关切。"不能手提天下往，何忍身去游其间？"在那连江河湖泊都要被酷暑烤干的时刻，如果不能够带领天下人一起去昆仑、蓬莱避暑，我又怎能忍心独自一个人去那里逍遥快乐呢？还有"穷则独善其身，达则兼济天下"，"丈夫须兼济，岂得乐一身"，等等。这种"修己以安人"的思

顾亭林祠游廊

藏身于北京报国寺的顾亭林（顾炎武）祠的游廊墙壁上，刻着顾炎武的经典名言。

想内含着对天下的责任，无论是做好自己，还是帮助他人安顿，都是对天下的一种责任。

"不忧一家寒，所忧四海饥"，从切己的修身出发，向周围的人们扩展，不断安顿更多的人。"老吾老，以及人之老；幼吾幼，以及人之幼；天下可运于掌"，因而，承担天下的责任可以落实在每一个当下。"了却君王天下事，赢得生前身后名"，积极参与国家建设，带领人们过上美好生活，就是传统士大夫的情怀与追求。"风声、雨声、读书声，声声入耳；家事、国事、天下事，事事关心"，明代东林党领袖顾宪成的这副对联，表明了中国传统士大夫"心系天下，情满天下"的

天下关切。

这种天下关切积淀在中华文明的基因里，形成一种文化的氛围，正是在这一氛围中，十三岁的陆九渊才能领悟"宇宙便是吾心，吾心即是宇宙"，"宇宙内事，乃己分内事；己分内事，乃宇宙内事"的道理。

在天下，人与人、人与物、人与事，莫不息息相关、休戚与共。中国思想认为"通天下一气"，天下万物都是气的聚散，基于气化而相感相通；同理，人与人之间疾病相忧、患难相及、有无相贷、饮食相召、守望相助，"一方有难，八方支援"，这就是天下秩序中最具温情和敬意的一面。天下并无漠不关己、可以高高挂起之事，他人的痛、他族的苦、他国的难，都与我生息相通，相感相召；反过来，"己欲立而立人，己欲达而达人"，只要天下有一物不得其所，我便一日不得安宁。这就是内在于天下秩序中的一体之仁，它要求把所有人都作为与自己同样的人来对待。

《礼记·礼运》提出"天下大同"的构想。人人之间讲求诚信，和睦相处；每个人不只敬爱自己的双亲，不只是疼爱自己的子女，同时也能博爱他人；社会上就没有被遗弃的多余人，老人都能安度终生，壮年则能发挥自己的才用，儿童则能健康成长，各种弱者都能得到帮助，男人都有自己的职务，女人都有自己的归宿；天下没有无用的弃物，物器资财都是天下人的，为大家公用共享，人们并不关心由谁来收藏，只是担心丢弃在地上得不到合理利用；人的智能德力并非用来谋取利益的工具，而是担心它不能为天下人发挥功用。在大同社会里，人们没有为非作歹的念头，关上外门只是为了御寒，而不是为了防盗贼，"路不拾遗，夜不闭户"。这种天下大同的理想，激励了一代又一代的士人君子，"致君尧舜上，再使风俗淳"。

"人无弃人，物无弃物"，中国的"天下"理想安顿一切人和物。"天生我材必有用"，每个人都具有独特的才能和价值，不应因能力、性格或社会地位的差异而被忽视或排斥，关键在于如何去发掘其独特的价值，最大限度做到"人尽其才"。一物之生，必有一物之用，所有物品均有其用途，所谓的"无用之物"只是其用途没有被发现，只要处置得当，就能最大限度做到"物尽其用"；即便被视为"废物"，也能循环利用，从而获得应有的价值。只要这个世界上还有废物和弃人，天下有道就还没有完全实现。天下关切不仅将人类联结成为天下大家庭的成员，而且也将万物纳入其中，这就有了张载"民胞物与"和王阳明"万物一体"的思想。所有的人都是兄弟，万物则是人类的伙伴，人与万物共生于天下这个大家庭中，不同的人与物就好像一人之身的四肢百体或不同器官，本来就是一个有机整体。

这种万物一体的天下思想，被中华文明视为个体自我实现的最高境界。从战国时代庄子的"天地与我并生，而万物与我为一"，到北宋程颢的"仁者，浑然与物同体"，都指向这种精神境界。这种精神境界不仅关怀人，指向人与人之间的共同存在，而且还表达了人与天地万物的一体共生。人与花草树木、鸟兽虫鱼和谐共处，天下是一个有其生态意蕴、充满生机和活力的天下。

在这种精神境界背后烙刻着中国人文化基因中的天下视野。虽然一个人是某个家庭、种族、社会和国家，乃至文明共同体的成员，但他同时也是天下的一分子，因而一个人所追求的，不仅仅是个人的成

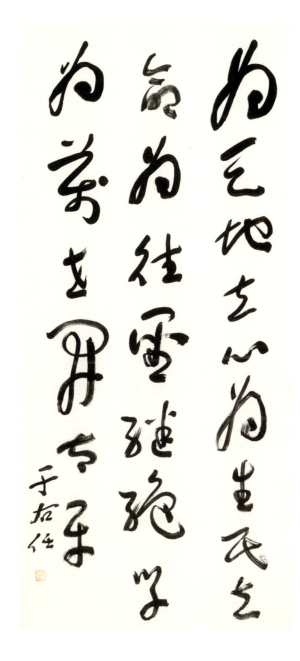

长和国家的繁荣，更有九州共贯、天下大同的终极理想。任何社会都有兴衰枯荣的周期，但只有以天下苍生为念，以人类整体利益为重，以家国承载天下，才能让家国与个人生生不息。"居庙堂之高则忧其民，处江湖之远则忧其君"，忧国忧民的忧患意识背后，是这样的信念：只有将个人的前途与家国天下的命运联结起来，个人才能在天下安身立命。一个具有天下视野的人，能够胸怀天下、目极八荒。只有以天下苍生的福祉为奋斗目标，"苟利国家生死以，岂因祸福避趋之"，明辨并协调一人之义、一时大义与天下通义，建功立业、立德立言，才能名满天下，留名青史，"莫愁前路无知己，天下谁人不识君"。张载提出的"横渠四句"——"为天地立心，为生民立命，为往圣继绝学，为万世开太平"，无疑是对中国人的天下关切和天下胸怀的最好概括。

"天下"一词的字面含义是"普天之下"，它内含一种天命信仰，对天下的理解无法绕开天命，天命构成万物的本原。中国人认为，人为父母所生，同时人也是为天地所生，敬畏生命同时也必须敬畏天命。天命并不是那种必须通过祭祀和祈祷才能沟通的神灵，它只是人的能力的边界和限制，天下的事情有天之所为，有人之所为。大凡天之所为，人是无可奈何的。同样，人之所为的地方，天命也是无可奈何的。所谓"五十而知天命"，一个人到了一定年龄，有了丰富的人生阅历之后，饱受世间的种种艰难磨砺，就能懂得天命。懂得天命，也就既能了解自己的局限，又能理解自己的使命，然后"尽人事，听天命"。一人有一人之天命，一国有一国之天命，天下有天下之天命。一个成熟的个体，不仅要了解自己的天命，还要了解国家、时代和天下的天命。

　　天命难知，但只要能同时做到合理、合情、合时，那也就必然合乎天命。中国人的精神世界有一种天命意识，而合理、合情、合时就是人生在世如何行事的具体坐标。在这种坐标下，一个人往往具有家国天下的情怀，那是一种把个人的小我与家庭、国家与天下关联起来的生存视野和人性能力，它将一个人的自我成长视为成为人、成为中国人、成为天下人的结合，由此，每个人在其当下日常生活中就可以承担对天下乃至天命的责任。

　　"不谋万世者，不足谋一时；不谋全局者，不足谋一域。"中国人的天下思想与天命意识激发了一种围棋式的战略思维。在现实条件并不透明的情况下，从全局出发，平衡合理、合情、合时的坐标，从而造就一种长远规划、提前布局、抓住时机、以力借力的战略思维。其背后包含的是心怀天下的整体视野和应对天命尤其是其不确定性和变数的智慧。

以人文化成天下

"以国观国，以天下观天下"，天下不同于国家。国家是政治实体，天下除了政治之外，还有道德、文化与文明的层次。同一个世界有不同国家，但所有国家都可以纳入天下。作为一国共同意志的"公"，从天下的视野来看，可能是更大的"私"。

天下秩序理所当然地包含国际关系问题。对于国家与国家之间的世界秩序，一般有两种处理方案，一是帝国方案，二是天下方案。帝国方案是一个强国通过武力征服而实施对其他国家的领导，从而形成多个国家组成的以帝国为中心的世界秩序。帝国秩序的实质是霸道，其实现秩序的方式是"以力假仁"：以武力作为基础，以仁义道德作为道义的借口。帝国虽然为国际带来秩序，但帝国对其他国家实施的是支配而不是调节，其统治以自身利益为原则。天下方案的实质是王道，一国基于天下关切以德行仁，对其他国家实施调节而非支配，从而形成国家之间的柔性秩序。

帝国秩序往往走向对内自由团结而对外征服殖民，通过外部扩张所获得的利益来解决内部的问题；天下秩序则以国家之间的和平共处、合理安顿作为目标。帝国秩序注重以一国的原则和制度同化他国，将自己的价值、制度和文化强加给其他国家。但天下秩序则坚信"不同同之之谓大……有万不同之谓富"，以"和而不同"作为国际交往的原则；各国、各族各有其不同的地理、历史、人文和风俗。一方面，差异化和多样性本身就是天下的丰富性的表现，另一方面，"修其教，

西周 遂公盨

铭文记载了大禹治水和划分九州两件大事，
是目前所知最早的关于大禹治水的文献记录。
铭文中还六次出现"德"，表明当时"德治"观念已经形成。

不易其俗；齐其政，不易其宜"，只有适合一国国情的道路才是最好的道路。

有学者认为：西方表达世界秩序的最大规模的概念是帝国，帝国由于设置了敌我之分因而具有征服性、霸权性，特别是敌对性；但中国的天下体系则具有自愿性、共享性和友善性。从天下思想来看，亡人之国，必亡其礼，必亡其史。一国之制度文化在，则该国在；一国之历史文化在，则该国在。因而，亡人国族者，必先亡人文化。反过来，保人国族者，必先保其文化，而礼（制度）和史（历史）则是文化之大者。

这也就可以看到，拥有五千多年历史和天下视野的中华文明为什么不主张同化其他国家的历史、制度和文化，而是以"存亡国，继绝世，补敝起废"作为"王道之大者"，这其实正是天下胸怀的表现。虽

西汉 "海内皆臣"铭文砖

铭文"海内皆臣，岁登成熟，道毋饥人"，反映了
西汉时期的大一统、重农与民本等政治思想。

然帝国和天下都是达成国际秩序的方案，但帝国借助国际秩序的达成来成就自己对多国的支配，而天下则以成就众多国家为目标。一言以蔽之，如果说帝国秩序是"马上打天下"并且"马上治天下"，那么，天下秩序则是"还天下于天下"，物各付物，各得其所。

"治天下不如安天下，安天下不如与天下自安。"国际治理的天下方案，本质上是把天下还给每一个国家，做各国之间的调节者，其工作的性质是协和万邦，使之各得其序，各得其所。这就意味着，国际政治的天下方案，不在武力征服，而在柔性调停，这更多的是借助"以人文化成天下"的文化软实力来实现的。当然，这并非废黜武力，而是在发展武力的同时限制武力的使用范围。"文武之道，一张一弛"，宽猛须相济；"内修文德，外治武备"，两手都要抓，两手都要硬。汉语"武"的含义，一方面是人持戈（兵器）行进，表示要动武打架；另

一方面则是"止戈为武"，即以暴力阻止暴力，"化干戈为玉帛"。武力的存在不是为了自身，而是为了保卫和平与文明；武力不能成为天下国家的目的，只能作为手段。如果说"止戈为武"，那么，就可以说"止武为文"。"天下兼相爱则治，交相恶则乱"，国际秩序的天下方案以国与国之间的和平共处、文化互济、文明互鉴为目标，指向的是以人文化成天下的文明型秩序。

文明型的天下秩序要由有天下情怀的国家来承担。"建国君民，教学为先"，具有天下情怀的国家特别注重学术和教化。"古之教者，家有塾，党有庠，术有序，国有学"，在家庭有私塾，在乡里有学校，在州郡有学院，在国家则有大学，这就是三代理想中的学术体制。教化和学术是治理天下的重要方式，它与世道人心、风俗教化互为表里。"古来世运之明晦，人才之盛衰，其表在政，其里在学"；"国之根本，系于人心，人心之存亡，系于义理之明晦，义理之明晦，系于学术之盛衰"。学校不仅仅传承知识与文明，而且培养有文化和教养的人格。同时，作为公议的中心，学校也是孕育天下视野和天下情怀的真正园地。天下秩序的落实需要一批又一批、一代又一代的人才，而学校就是为天下培养人才的摇篮。只有通过教化的引入，国家才能够从单纯的政治实体，走向具有天下担当的文明型国家。

"好雨知时节，当春乃发生；随风潜入夜，润物细无声。"以人文化成天下，在国家治理上的表现，则是诉诸化人于无形的德礼，而非仅仅用硬性的刑政。"道之以政，齐之以刑，民免而无耻；道之以德，齐之以礼，有耻且格。"法制禁令刑罚等只能以威慑方式让老百姓因畏惧而远罪，却不能让他们内心归服；但以德和礼的方式进行统治，则能让老百姓自己主动远恶向善，并且诚心归服。《论语·尧曰》强调：对人民不事先教导，便要用杀戮来推行或制止，那就是对人民的虐待；不事先告诫人民，而忽然要查验他们成功了没有，那就叫作残暴。避免虐待和残暴的方式，就是大力推行教化，将文化的天下引入政治社会之中，移风易俗，转化人心。只有如此，政治治理才有天下大家庭中所应有的温情。

美美与共

"各美其美，美人之美，美美与共，天下大同"，费孝通的这十六字箴言，可以视为对传统天下思想的现代新解。

"各美其美，美人之美，美美与共"是通向"天下大同"的三个不同步骤。"各美其美"，意味着不同的民族、国家及其文明，各有其"美"，这里的"美"关联着一个民族及其文明在历史中形成的独特品质，它是该民族及其文明的精神命脉和立身之本。不同的民族和文明只有坚持自己的主体性，传承和发展各自的独特品质，坚持走适合自己的道路，才能为人类文明做出其他民族所无法企及的独有贡献。当

明 青花把莲纹盘

明永乐、宣德时期的青花瓷，多使用"苏麻离青"钴料。
这是一种进口青花料，为郑和下西洋时带回。

然，每个民族和文明有自身的优良特质，也有自身不可避免的局限，这种局限从自身视角往往无法发现。仅仅停留在"各美其美"阶段，不同的民族和文明就还处在彼此封闭的状态，无法通过他者深化对自身品质的理解。

"美人之美"则是不同民族和文明彼此之间的相互欣赏，通过他者的优点来理解并改进自身的局限，通过相互的学习来丰富自己和提升自己。以"美人之美"的方式处理文明之间的关系就是文明互鉴。文明之间的相互借鉴，在尊重彼此特质的前提下，彼此互动、对话、

18世纪 英国制青花教堂图折沿盘

18世纪中期起，英国人开始仿制中国瓷，最早仿制成功的青花瓷名为"伍斯特瓷"，
这件教堂图折沿盘带有洛可可艺术风格。

交流，相互承认、相互理解、相互学习。"美人之美"并不否认不同的文明在本质和水平上有层次上的差别，但"三人行，必有我师焉"，"美人之美"是在欣赏对方的同时，"择其善者而从之，其不善者而改之"，对方好的一面是可以吸取的经验，不好的一面则是有待改进的教训。

无论是"各美其美"还是"美人之美"，都是一个文明对待其他文明的健康方式，当然这种对待方式可能是出于文明的一方，也可能是相互的，其目的是自我提升和自我丰富。然而，"一花独放不

是春，百花齐放春满园"，在当今世界，各国关门自扫门前雪的时代结束了。人类的不同文明进入你中有我、我中有你的深度融合交通的新时代。"美美与共"则是不同文明的盎然共生，它已经超越文明之间单纯的互鉴，上升到人类命运共同体的层次。不同的文明在根源上就是一种共同存在，这意味着必须超越地域、民族、国家和文明的界限，不仅将每一个人都作为天下大家庭的成员来对待，而且也将每一种文明都作为表现人类文明的一个层面来对待。就人类文明整体而言，任何一个文明只是表现这个整体的一个方面，而不是全部，因而，一个文明只有在与其他文明一道共同展现人类文明时，人类文明才能支撑一个共同的天下。这就意味着，不同文明只是人类文明整体的不同展现方式，"万物并育而不相害，道并行而不相悖"，因而各个文明都有其存在的理由，但同时也都有共同合作以表现人类文明整体的使命和责任。

差异、多样和多元是天下具有生命力的表现，但另一方面，它们又都同归于人类文明，是其不同的表现。"青山一道同云雨，明月何曾是两乡"，尽管人类分为不同的地域、民族、国家、文明，但都共属同一个天下，因而天下是不同民族、社会和文明共同而唯一的家园。

"万山不许一溪奔，拦得溪声日夜喧。到得前头山脚尽，堂堂溪水出前村。"不同的文明汇入人类文明的历史长河中，每一种文明犹如奔流的溪水，冲破山峦叠石的重重阻碍，流入大江大河，最终汇入大海，没有什么能够阻挡这一过程。"百舸争流千帆竞，波涛在后岸在前"，不同文明之间的彼此竞争、交流与合作，显示的只是人类文明的内在张力和活力。"美美与共"是"人类命运共同体"理念的凝练表达，而"人类命运共同体"则是"天下一家"精神在当代的延续。

在今天，传统中国的天下观，不仅在思想上被传承和创新，而且在实践上被运用和激活。可以说，在中国从传统走向现代的过程中，天下思想并没有从中国离去，而是作为中国式现代化的文化基因和精神根脉，一直在推动着中国与时前行。正是积淀在中华文明基因中的天下思想，赋予了中国作为大国的规模、格局和胸襟，使其成为自觉地基于自身文明特质勇于承担人类文明整体命运的"天下型国家"。

百年未有之大变局下的中国崛起，固然指向中华民族的伟大复兴，但这本身就是对世界和平与人类文明做出的巨大贡献；中国式现代化建设走出了中国自己的道路，以实践回应了霸权的挑战，为人类现代化提供了新的可能性，这本身也是对天下的中国式承担。当代中国在全球倡导的人类命运共同体的话语和实践，正是"美美与共"在天下的新开展，也是传统中国的天下思想在当代世界的激活和再生。

（作者陈赟系华东师范大学中国现代思想文化研究所教授）

礼

乐

礼序乾坤，乐和天地

杨　华

> 朝代或有兴替，地域或有分合，但深嵌在中国人精神记忆和
> 行为方式中的礼乐制度，却从未中断。正是这种无处不在的
> 教养和熏陶，令中国成了一个"礼仪之邦"。

　　20世纪初，既精通西方文化又精通中国文化的辜鸿铭，对西方学者的《礼记》英文翻译很不以为然。他说"礼"不是rite而是art，在他看来，礼是中国人的生活艺术和生活智慧。在汉语中，"礼"不仅仅指对《仪礼》《周礼》《礼记》这三部文献的研究，它还包括礼义、礼典、礼仪、礼乐、礼俗、礼法、礼教等多个层面，是对中国文化的一个概括性表达。

　　礼乐制度是中华文化的独特标识和传承基因，在其他民族文化中找不到与之对应的系统文本、语汇表达和知识体系。

在国家层面，它是指朝堂的典章制度和政治运作；在社会层面，它是指民间的婚丧习俗和节日庆典；在个人层面，它是指平民百姓的行为规范和道德自律。千百年来，朝代或有兴替，地域或有分合，但深嵌在中国人精神记忆和行为方式中的礼乐制度，却从未中断。中国人通过其为人处世、言谈举止，昭示着我国文化的连续性。无论是居庙堂之高，还是处江湖之远，这都是挥之不去的中国印记。

礼仪之邦

中国素称"礼仪之邦"，这是来自外国传教士的赞誉。

17世纪，在《利玛窦中国札记》一书中，意大利传教士谈到了中国人的诸多礼仪，包括见面互揖、跪拜、善用谦语和尊称、辞让上座、年齿为上，以及宴会礼仪、上朝程序、各种称呼、居丧、祭祀、婚礼、冠礼、生日、节日，等等。他说："中国这个古老的帝国以普遍讲究温文有礼而知名于世，这是他们最为重视的五大美德之一。"稍后的葡萄牙传教士曾德昭说，中国人尽各种可能招待客人，绝不怠慢任何一个客人。他们讲礼节，仪表大方，办事老练、周到、持重、平稳，这些都被视为中国人的主要德行，一切都归结为一个"礼"字，这与欧洲的风俗大为不同。

任何民族都讲"礼"，但礼对世界其他民族文化的影响，与它在中国文化中的功能是无可比拟的。在世界其他各民族文化中，无法找到一个与"礼"相对应的词语。如果把汉语中"礼"的内涵全部表达出来，大约需要20多个英文单词才能概括。英国传教士理雅各翻译《礼记》时，曾经考虑此前的几种意译，但他认为都不能全面传达该书的

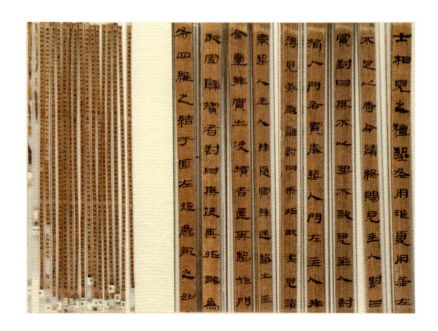

甘肃武威汉墓出土的《仪礼·士相见礼》简

真意，最后只好采用音译，译作*The Li Ki*。这是目前汉学界最权威、最准确的英译本。

"礼"是中华民族能够"分久必合"的凝聚力量，也是促进中华文明数千年传承不辍、从未中断的根本原因。

在古代社会，华夏族群特别讲求礼仪，而周边的蛮夷则对之称羡不已。唐代人认为，"中国（指中原）有礼仪之大，故称夏；有服章之美，谓之华"。礼仪和服章，都是华夏文明区别于四边蛮夷文明的重要标志。

历代都把中原文明称为"华夏衣冠"。西晋末年，皇族司马睿在北方少数民族的追打之下，被迫带着大批贵族、官僚和知识精英渡过长江，到南方重建王朝，定都建康（今江苏南京），即为东晋。历史上就称之为"衣冠南渡"，实际上就是把华夏族群借以自信自傲的礼仪

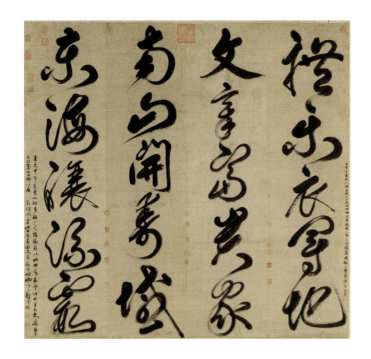

文化带到了南方。先秦时期的《春秋》在叙述华夏与蛮夷时，分别采用不同的词语加以暗喻，史称"春秋笔法"。唐代的韩愈说，所谓春秋笔法，就是"进于中国则中国之"。只要周边民族进入华夏文明体系，遵从华夏礼仪，就不再被蔑视为"蛮夷戎狄"。历代的士大夫都承认，"中国人"并不是什么独特的血缘族群，文化认同和礼义教化才是区别华夷之辨的根本标志。

在前现代社会，农业文明的发达程度整体上高于游牧文明。所以游牧民族追慕华风，心仪和模仿华夏礼仪制度。契丹、女真、蒙古等北方少数民族在政权建立之初，其朝廷中枢都十分倾慕中原文化，并团聚了一大批深通中原文化的汉人大儒。辽朝在建国之初，就针对祭祀对象展开了一场大辩论，众人"皆以佛对"，即主张礼佛。但辽太祖耶律阿保机采纳了长子耶律倍的建议，主张先祭祀孔子，把儒家经义作为国家意识形态和主导思想，从此"辽家遵汉制，孔教祖宣尼"。元朝初年，汉儒徐世隆向蒙古人忽必烈建议修建祖庙："陛下帝中国，当行中国事。事之大者，首惟祭祀，祭必有庙。"在孔庙中祭礼孔子，与在佛堂中祭祀佛祖，这是决然不同的两种礼仪。辽太祖就是以儒家祭祀礼仪为抓手，向天下宣示要全面实行汉化，而不是建立一个佛教化的国家。

尊尊亲亲

中国人为什么如此重视"礼"？说到它的起源，常见的有三种说法。

第一种观点认为，"礼以饰情"，同时"礼以节文"，礼用来表达人的情感，同时又节制人的情感。比如，父亲死后，嫡长子为什么要服"三年之丧"？儒家认为，因为有人做不到这一点，对亲人的亡故毫无悲情，所以人们制定了礼仪，规定他必须达到这个服丧的时间；同时，另有一种人对亲人的亡故过分哀伤，甚至"心丧"二三十年，所以礼制要有个时间限制，以防止其悲情泛滥，好让孝子恢复生产生活。

第二种观点认为，"礼起于争"。《荀子》说，人性本恶，所以大家都有各种欲望。为了节制这些私欲，于是人们共同协商而达成各种规则。大家不得不遵守这些规则，这就是"礼"。

第三种观点认为，礼起于祭祀。在祭祀各种神灵时，必然使用人间最上等的祭品和最美好的音乐，这个摆祭品的形状，就是"豊"字的象形字，上面是一串串的钱，下面是一个供奉祭品的架子。在"豊"字的左边加上一个表示祭祀活动的"礻"字偏旁，就是"礼"的繁体字"禮"。

无论哪种说法，都可以将礼的起源追溯到很早。此前，疑古派的

西周　青玉龙纹璧

《周礼·春官·大宗伯》中记载："以玉作六器，以礼天地四方，以苍璧礼天，以黄琮礼地，以青圭礼东方，以赤璋礼南方，以白琥礼西方，以玄璜礼北方。"

新石器时代 人面鱼纹彩陶盆

半坡出土的此类彩陶盆多作为儿童瓮棺的棺盖来使用，人面由人鱼合体而成，
一般被认为象征着巫师请鱼神附体，为夭折的儿童招魂祈福。

学者认为，上古时期中国人并没有真正按照礼制规范来生活，这些礼制只不过是汉代之后学者们的假想。最新的考古成果表明，这些礼制不仅在夏商周时期得到遵从，甚至可以上溯到新石器时代。

例如，在距今六七千年的半坡遗址（今西安市半坡村）中，出土了大量的小孩瓮棺墓葬，就是把儿童的尸体放入陶制的瓮中，同时在瓮棺上开有小洞，一般认为这是为了让儿童的灵魂得以进出，这实际上是一种丧葬礼制。

又比如，在距今五六千年的牛河梁遗址（位于今辽宁省凌源市与建平县交界处）中，发现了大量的积石冢（即用石头堆积的墓葬），还发现有女神庙，其中有一个非常逼真的女神头像。在石峁、陶寺、良渚、凌家滩等新石器时代遗址中，都发现有精美的玉器、神秘的人像、奇谲的纹饰和无法识读的符号（它们可能是汉字的前身）。这些器物都不是生产工具，对于现实的农业生产基本无用，只能用宗教功能来加以解释，它们是与鬼神沟通的法器。

从石器时代过渡到青铜器时代，中国人进入夏、商和西周时代，一直遵从着这些礼制。不过，直到以孔子为代表的儒家出现，才将这些礼制进行总结，形成系统的礼学文本。这就是人们熟知的"三礼"，即《仪礼》《周礼》《礼记》这三部文献，再加上《大戴礼记》，合称为"四礼"。儒家的职业就是为当时的宫廷和贵族举行各种礼仪（"相礼"），而《仪礼》就是儒家的职业工作手册，它记载了冠礼、婚礼、士相见礼、朝聘礼、丧礼、祭礼等礼仪的具体流程。《礼记》则是儒门后学解释这些礼仪的阐发性论文汇集，在战国、秦汉时期，社会上还流行着很多关于这些礼仪的其他论说文章，只是没有传下来而已。从统计来看，今天所见的"十三经"总计约有63万字，其中三部礼书就占了20多万字，约占"十三经"总字数的32%；如果加上《大戴礼记》，礼书大约占全部儒家原始经典的三分之一。足见礼学对儒家之重要。

礼制最根本的特征就是等级制，儒家文献称之为"尊尊亲亲"。也就是说，按照一定的尊卑等级，尊重那些必须尊重的长者；按照一定的血缘关系，亲近那些必须亲近的亲人。

比如，天子的车旗、舆服都以九为数，诸侯就用七个，大夫用五个，士用三个。上古丧葬礼仪中，送葬队伍回来后，要到殡宫举行安魂祭奠，称为"虞"祭，天子举行九次，诸侯七虞，大夫五虞，士三虞。这种几何形的"差降"在贵族的日常生活随处可见。天子所住的堂距地面九尺高，以此类推，诸侯堂高七尺，大夫五尺，士三尺；高度不同，台阶的数量也有差等。文献上说，贵族吃饭时是鼎簋搭配，即荤素搭配（鼎盛肉食，簋盛饭食），天子用九鼎八簋，诸侯用七鼎

142

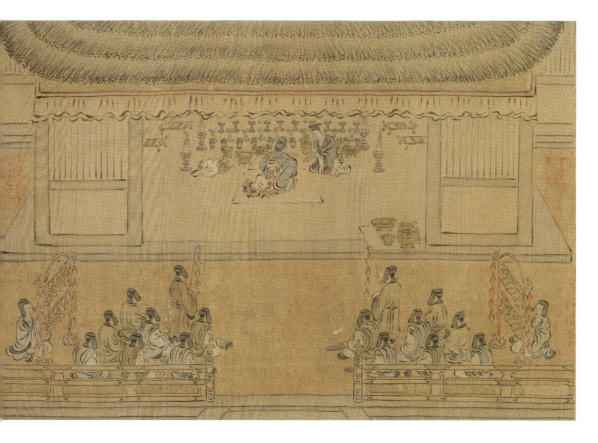

六簋，以此类推，卿大夫用五鼎四簋，士用三鼎二簋。现代考古学证明了这一点，如果墓葬中出土了九鼎八簋，那必是最高等级的贵族坟茔。随葬的鼎簋数量，至今仍是判断墓葬等级的一个重要指标。

"亲亲"的礼制来源于儒家由己及人、由近及远的伦理原则。儒家认为，一个君子首先必须获得亲人的认可（"兄弟亲戚称其慈"），然后是乡党的认可（"州闾乡党称其孝"），然后才是官府、朝廷的认可，"修身、齐家、治国、平天下"就是这样一种由内至外的差序格局。行孝是修身、齐家的前提，如果一个人不能在家尽孝，他也不可能为国尽忠。平常要孝养、孝敬父母，让老人吃饱穿暖，自己不登

高、不履危、不与人争斗，否则性命不保就不能为老人尽孝了。平时要早晚问安，即"昏定而晨省"；不藏蓄私财；不穿纯白素衣（丧服）；任何时候都把正席、正位让给父亲（"居不主奥，坐不中席，行不中道，立不中门"）；服侍父母服药时，必亲自先尝，以免有毒。

当然，古代礼制最大的弊病是对等级制度的严苛维护。研究表明，古代法律"同罪异罚"，如果犯同样的罪行，会根据尊卑高低、亲戚关系远近而采取不同的处罚措施，当然地位越高判罚越轻，亲戚关系越近判罚越重。这些都与现代社会的民主制度和平等原则背道而驰，应当予以批判。

进止有度

古人常说，君子"动静有常，进止有度"。不仅在国家的层面有礼典、礼制，在社会的层面有礼治、礼教，在个人的日常生活层面也特别强调"非礼勿视，非礼勿听，非礼勿言，非礼勿动"。古人对礼有很多分类法，但对个人生活而言，最重要的就是冠、婚、丧、祭这四类。

　　古代的冠礼，就是世界多数民族都具有的成人礼。在中国古代，男子二十岁成年，称为"弱冠"；女子十五岁成年，称为"及笄"。用以展现弱冠的礼仪，就来源于原始公社时期的成丁仪式。它通过"三加"即穿戴三次不同的冠服，来显示其身份的变化。第一次，加缁布冠（一种黑色麻布帽，用过即弃），表示这个青年成为贵族的一员，从此以后可以参加政治活动；第二次，加皮弁冠（白鹿皮制成的帽子），表示他可以参加田猎和战斗了；第三次，加爵弁冠（一种平顶的帽子），表示他可以参加宗庙祭祀了。一个人的冠饰，与他身上其他部位的服饰要相互搭配，所以随着冠饰的变化，他所穿之衣、裳、带、履也跟着发生变化。每变化一次，这个青年都要穿着不同的衣裳出来向众宾展示，并向其父母说出感恩的礼辞。

　　华夏人为何通过冠饰的变化，来表示他的成年？因为它是华夏贵族的身份标志，任何时候都要戴着帽子。全世界许多民族都有成人礼，但是完全不可能像中国人这样，通过具有象征意义的戴冠礼仪，来达到成年、祝福、感恩的效果。鲁哀公十五年（前480年），孔子的学生子路因参与卫国的内乱而被杀。他临死之前被敌人的戈斩断了冠缨，他说："君子死，冠不免！"结果把帽带子结好了才死去。

南宋 佚名 《秋塘双雁图》

婚礼由六道程序组成，即纳采、问名、纳吉、纳征、请期、亲迎。古代男婚女嫁不能自由恋爱，都是通过媒妁之言来传递信息。在"纳采"环节，男家的媒人向女家传达求亲的信息。所谓"问名"，是询问女方的姓、氏、字，因为上古规定同姓不婚，问名实际上是获得女方的各种信息。"纳吉"是指卜得吉兆后，媒人来告知女家。"纳征"是向女家致送聘礼。"请期"是告知女家迎娶的日期。"亲迎"是由新郎亲自去女家迎娶新娘，因为迎娶时必须是黄昏时分，所以称为"昏礼"，"婚"是因"昏"而产生的后起之字。上古婚礼的核心环节是"同牢合卺"，即新郎新娘使用由同一个匏瓜剖成的瓢来饮酒，象征着未来共同生活的开始。

古代婚礼的礼物非常简便，例如，在《仪礼·士昏礼》中，纳采、纳吉、请期、亲迎等环节，男家送给女家的礼物都只是一只大雁。敦煌文书反映的唐代婚礼中执雁可以变为执鹅，而且这只鹅后来还可以放生。朱熹的《朱子家礼》中，新郎所送之礼仍然只是大雁，假若没有活雁，还可用木雁代替。《宋史》记载，平民还可以用野雉或者鸡鸭来代替。婚礼之所以送雁、鹅之类，东汉郑玄的解释是，婚姻是男女交合，而大雁会随着季节南来北往，象征着"阴阳往来"；而北宋程颐的解释是，因为大雁总是成双成对，彼此非常专情，所以婚礼时送雁也是"取其不再偶"的意向。

中国古代最关键的礼制秩序，就是人与人之间的"本宗五服图"，亦即所谓"鸡笼图"。据元代人的说法，它来自西汉，可能不一定准确，但在马王堆汉墓中确实出土了一幅与丧礼有关的《丧服图》。在中国所有的家谱和族谱中，开篇一般都会绘制一幅五服图。通过这幅人际关系图，来表示其上四代（祖先）、下四代（后辈）、左

西汉 马王堆汉墓《丧服图》

"五服"是五种丧服，不同的亲属着不同丧服，
体现了在古代社会亲属关系的亲疏远近。

四代（兄弟）、右四代（姐妹）的亲戚网络关系，这是一个菱形的关系图。它决定着中国传统文化中的所有人际关系，可以说是一种根本性的社会秩序。

首先，它决定了古代的丧葬礼仪。根据与死者的关系远近，丧礼的参与者要穿斩衰、齐衰、大功、小功、缌麻五个等级的丧服（这是另一种"五服"）。在丧礼中，所穿丧服的精粗程度、穿着丧服的时间久暂，以及主丧者和参与者的身份角色、动作仪式，均由这幅关系图中的关系远近来决定。其次，它决定了历代法律中的财产继承顺序。人死后的财产继承要按照亲族关系顺序来进行，比如根据相关原则，女性服丧时以夫家为主，这便决定了她不能够参与娘家的财产继承。

再次，中国古代的法律制度中实行残酷的"连坐"制度，而连坐的依据便是丧服图中的亲疏关系，株连五族、九族之类都是据之计算出来的。总之，根据这幅图式所形成的差序结构，关系越近，权力越大，受益越多，可能受到的牵连也越多，反之亦然。

不仅在冠婚丧祭等活动中要讲礼，中国人在日常生活的每个环节也要依礼而行。自古以来少年儿童就是按照这些礼来要求自己的，大到为人处世，小到行走坐卧。例如，吃饭之前要"祭先"，即说一段感谢食物创造者的话，这与今天其他民族文化的饭前习俗基本相同。古人吃饭不用筷子，直接用手抓，所以特别讲求卫生。古礼要求不要搓手（"泽手"），不要搓饭团（"抟饭"），吃过的饭不要放回器皿中（"放饭"），不要向口中灌汤（"流歠"），吃饭不要发出声响（"咤食"），不要啃骨头（"啮骨"），不要当众剔牙（"刺齿"），不要喝酱汁（"歠醢"），吃东西时不要专挑一种食物吃（"固获"），等等。

古人说，站有站相，坐有坐相，是非常具体的家教。比如，不要听墙根以探听他人之隐私（"毋侧听"），站立时身体不要偏斜（"立毋跛"），睡觉时不要向下趴着（"寝毋伏"），平时干活时不要赤膊（"劳毋袒"），天气再热也不要把下衣撩起来（"暑毋褰裳"）。到他人家做客时，上堂前一定要发出声音，以免打扰对方（"将上堂，声必扬"），这实际上类似于今天的敲门。进门时如果门是敞开的，那么进去后也要保持敞开；反之，进门时如果门是关着的，进去后也要把门关上。走路也有规矩，比如在城墙上不能大呼大叫，以免引起全城混乱。路上遇到长者，要赶紧上前正立拱手，长者问话就回答，长者无事则赶紧"趋而退"。

诸如此类的"规矩"，数不胜数。在中国古代，不仅精英阶层在这种教育中长大，明清以来的下层社会也大量学习这些教养，这样整个社会逐渐变得雅化。例如，明清时期印刷出版了大量的日用礼书，一些乡村礼生便从中学习礼学常识，再在乡间实践和传播这些礼仪。通过礼生们的表演，乡村社会都学会了对联、帖式、锦句、套话，学会了怎样有礼貌地迎宾、送客、饮酒、喝茶。例如，《酬世锦囊》甚至教人在饮茶环节怎样说"请"，怎样说"不敢"，并且强调用茶时"忌呕声，忌匙声"，即不要发出声响。《课童常礼》中讲到叉手、作揖、下拜、站立、坐席、举步、言语、视听、洗脸、整衣、饮食、洒扫、应对等28个环节，非常细致。古人说，"经礼三百，曲礼三千"，如果说曲礼就是小礼，那么何止"三千"！

正是这种无处不在的教养和熏陶，令中国成了一个"礼仪之邦"。也正是经过这样的礼乐教化，中国人才形成一种无处不在的道德自律。正如《中庸》所说，"莫见乎隐，莫显乎微"，即使在独处的时候也自觉遵礼重礼了。

礼乐相须

中国古代礼制的一个重要特点，是与"乐"偕配举行，"相须为用"，这也是世界民族文化中绝无仅有的文化现象。宋人郑樵在《通志》中说："礼非乐不行，乐非礼不举。"这就是礼制又被称为礼乐制度的原因。

君子玉不去身，其实乐也从不去身。孔子随时随地都要讲礼，随时随地都要演乐，即使在困于陈蔡、粮绝徒病的危境中，他仍然"讲诵弦歌不衰"。孔子生前，只有在助丧时才不唱歌，"邻有丧，舂不相;里有殡,不巷歌。适墓不歌,哭日不歌",否则,其他时候他只要行礼就要举乐。孔子死后,他的弟子们仍然集中在其墓旁居住,天下诸儒常常会聚于此演练乡饮酒礼和大射之礼。在今本《礼记》中,有《投壶》一篇,其中画着很多"□""○"的符号,其实就是举行投壶礼仪时的乐谱。

中国的礼乐制度不只在商周时代盛行,早在新石器时代,乐就与礼相偕并行。原始先民在"以苍璧礼天,以黄琮礼地"的时候,就大量使用乐舞。《尚书》中有"击石拊石,百兽率舞"的说法,《山海经》说黄帝轩辕氏是鼓的发明者。《礼记》说上古伊耆氏之乐是土鼓、蒉桴、苇籥,即陶土做的鼓框、泥土做的鼓槌和芦苇做的吹管。在新石器时代的文化遗址中,这些内容都有所反映。例如,在距今8000多年的河南舞阳贾湖遗址中,出土了七个音孔的骨笛,它长达23.6厘米,由鹤的尺骨做成,至今仍能演奏优美的音乐。在距今4300年左右的山西陶寺遗址,发掘出了陶鼓和土鼓,它们与巨大的石磬一起出土,说明这是一个乐器组合。这些考古发掘说明,中国的礼乐传统可以上溯至前文字时代。

在商周时期,祭礼、乡饮酒礼、飨礼、射礼、军礼、冠礼、燕居和闲居等场合,都要用乐。上古时期的"乐"不只是声音之乐,它包括诗、歌、舞、曲,乃至所有与礼制相偕配的艺术形式。礼乐制度贯穿古代社会的各类仪式,其用乐规范与场合紧密对应,既彰显等级秩序,又赋予仪式以神圣性与艺术性。

如果说,基于宗法制度的礼从外部给人提供一种强制性的社会规范,那么,基于审美情感的乐则是从内部给人塑造一种自律性的文化规范。这就是儒家所说"乐由中出,礼自外作"。礼乐的共同目的都在于治理社会，即"整民"。《乐记》对于周代礼乐一体的精义有扼要阐述："礼乐刑政，其极一也。"礼、乐、刑、政这四大要素功能各有不同，礼的规范、政的划一、刑的强制，配之以乐的感染，都是治理国家、达至"王道"的手段，只不过途径不同而已。这正是周代"制礼作乐"的深远用意。

传统经学把中国礼乐制度的创设归于周公，史称周公"制礼作乐"，这不一定是事实。准确的理解是，从以周公为首的周初统治集团开始，历经周成王、周康王、周昭王、周穆王几朝，用近百年时间，完成了西周礼乐制度。而周代的礼乐制度，又是承袭和损益夏人、殷人甚至远古部族的礼乐文化的产物。根据"三礼"的相关篇章，再参照其他历史文献，可以大致复原先秦时期礼制活动中使用乐舞的情形。

祭礼用乐最为庄重。《周礼·大司乐》规定，祭祀对象不同，所用乐舞各不相同。祭天神奏《云门》，祀地祇舞《咸池》，享先祖则用《大武》。以祭祖为例，天子合祭时，堂上唱《清庙》颂文王之功，堂下奏《象》乐，武士执朱干玉戚舞《大武》，八佾舞《大夏》。《诗经·周颂》诸篇皆为祭礼乐歌，如《清庙》需一唱三叹，乐舞随仪节变化——迎神、撤席皆有专属曲目，由人扮演"尸"来代替受祭者，出入皆伴有特定的乐章。

乡饮酒礼用乐重在亲和。此礼于乡学举行，其流程包含谋宾、迎宾、献宾、乐宾等。献宾时，主客依"献、酢、酬"之序行礼，称为"一献之礼"。整个过程中，乐舞贯穿始终：堂上歌《鹿鸣》《四牡》《皇皇者华》，堂下笙奏《南陔》《白华》《华黍》，间以"间歌"与"合乐"。《诗经》曲目不仅助兴，更以"呦呦鹿鸣，食野之苹"等词，隐喻宾主

152

和睦、君臣相得之义。

射礼用乐彰显等级。大射、宾射、燕射、乡射四礼皆须与乐律配合。天子射仪奏《驺虞》,诸侯射仪用《狸首》,大夫、士则分别配以《采蘋》和《采蘩》。贵族挽弓搭箭时,须合乐节而动,如《礼记》所言"其容体比于礼,其节比于乐",仪式如戏,进退皆成章法。

军礼用乐关乎成败。古人深信"师出以律",以乐律占卜吉凶,行军以钟鼓节制。城濮之战晋国凯旋,即奏《凯》乐献俘,与《周礼》所说的"王师大献,则令奏恺乐"一致。平日"大蒐""大阅"等军事活动也伴有乐舞,故临阵能"一鼓作气",士气如乐律般张弛有度。

燕居闲居用乐渗透日常。天子食饮以乐侑食,撤席奏《雍》乐。贵族行止须佩玉鸣响,与《采荠》《肆夏》之节相应,这就是所谓"趋以《采荠》,行以《肆夏》"。即便退朝闲居,俯仰举止亦暗合乐律——摭玉为"揖",扬玉为"扬",皆求"锵鸣"之效。礼乐至此,已非单纯的仪式,而是贵族生活的美学展示。

以上只是列举数端,实际上历代冠礼、飨礼,甚至丧礼中都有用乐的记载。文献常说"钟鸣鼎食",钟鸣是举乐,鼎食是行礼,贵族吃饭时要举乐,这确实是真实的写照。在战国时期的几件铜壶上,錾刻有宴乐桑猎图案,这些图案反映的正是敲击钟磬的享乐场面。

不同身份的贵族在行礼用乐时,会有很大的等级差异。

首先,乐器的规格不同。礼制规定,只有天子、诸侯才能享受金石之乐(由钟鼓磬组成的打击乐),又规定王"宫县"(四面悬挂,如宫室之形),诸侯"轩县"(三面悬挂,如车轩之形),卿大夫"判县"(两面悬挂),士"特县"(仅一面悬挂)。

其次,用乐的内容不同。《左传》记载,鲁襄公四年(前569年),

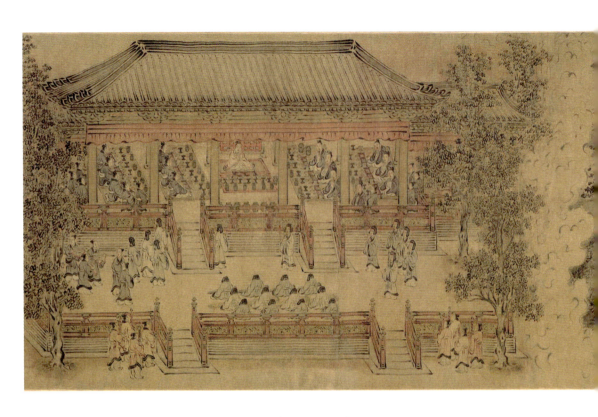

宋 马和之 《诗经图·鹿鸣》

鲁国权臣叔孙豹（穆叔）出使晋国。在招待宴会上，乐工先为之演奏
《肆夏》三章，他没有答拜；又为他演奏《文王》三曲，他也没有答拜；
直到歌唱《鹿鸣》三曲时，他才答拜回礼。当晋国外交使臣问他为什
么这样做时，他回答道，《肆夏》是天子招待诸侯的音乐，使臣没资格
听；《文王》是诸侯国君相见时的音乐，我也没资格听；而《鹿鸣》是
君王用来招待我的君主的，其中有"我有嘉宾"的诗句，与我的身份
相符，岂敢不回拜？可见，何种身份享受何种礼乐，彼此都很清楚。

再次，舞队的规模不同。礼制规定，天子八佾，诸侯六佾，大夫
四佾，士二佾。"佾"即指舞蹈者的队列和人数，一般认为每一佾（即

鹿鳴之什

毛詩小雅

鹿鳴燕羣臣嘉賓也既飲食之又
實幣帛筐篚以將其厚意然後忠
臣嘉賓得盡其心矣呦呦鹿鳴食
野之苹我有嘉賓鼓瑟吹笙吹笙
鼓簧承筐是將人之好我示我周
行呦呦鹿鳴食野之蒿我有嘉賓
德音孔昭視民不恌君子是則是
傚我有旨酒嘉賓式燕以敖呦呦
鹿鳴食野之芩我有嘉賓鼓瑟鼓
琴鼓瑟鼓琴和樂且湛我有旨酒
以燕樂嘉賓之心

鹿鳴

一列）是8人。但是，鲁国的大夫季孙氏（季桓子）也在自己的家庙中僭用八佾的舞队阵仗，孔子大为恼火："八佾舞于庭，是可忍也，孰不可忍也？"

如果不懂得礼与乐的搭配，是为人不齿的失礼之举。春秋时期，有一种赋《诗》传统，即《诗经》的每一篇都有与之相应的乐曲，乐曲响起，诗意即到。贵族之间要表达意向，不必直言，赋《诗》即可，有时是自己亲自唱奏，有时是请人代唱代奏。如果不懂《诗》曲，便不懂《诗》意，在外交场合往往是极大的耻辱。

齐国的大夫庆封使聘鲁国，但其车舆衣饰皆僭越礼制，在宴会上不知礼仪，鲁国叔孙氏对他赋《相鼠》之诗，取意诗中"人而无仪，不死何为……人而无礼，胡不遄死"之句，以嘲讽庆封，结果庆封仍然听不懂。次年，庆封因在齐国专权引起内乱而逃奔鲁国，鲁叔孙穆子设宴招待，席间庆封又不懂礼仪，穆子不悦，鉴于庆封听不懂《诗》乐，干脆"使工为之诵《茅鸱》"，庆氏仍然听不懂。《茅鸱》是《诗经》的逸诗，想必是比《相鼠》更加露骨的讽刺。所谓"诵"《诗》，就是有节奏地诵读。连无乐的白话《诗经》都听不懂，庆封为时人所不齿是可想而知的。所以孔子说："不学诗，无以言。"不懂《诗经》的音乐语言，根本无法进行外交交流。

这种"礼乐相须"的典章制度，在其后历代都有应用。根据二十四史的记载，历代王朝都有祭祀天地山川、祖先人鬼的礼仪，而这些礼仪都配合着乐舞。例如，汉武帝时在宫中建立乐府，命人从各地采诗，在宫中"夜诵"，即在晚上给他唱赵、代、秦、楚等地的歌，有十九章之多。这些歌曲都与他创立的郊天祭祀、后土祭祀等礼仪相配合。正月上辛（第一个辛日），他在甘泉宫祭祀圜丘时，命令70名童男童女一起唱到天亮，竟然唱得流星止集，观者肃然。

古人常说，"国之大事，在祀与戎"。实际上，祭祀要用乐，军戎同样要用乐。可以说，中国古代所有的典章制度都有礼乐相配的特点。正是由于此，礼制规则及其哲学意蕴和审美追求才更容易被制礼者、行礼者、观礼者所接受。

第一，乐能够沟通上下，促进交流，实现君臣之间、君民之间的融合凝聚，这弥补了礼法的苛峻之缺。"乐由中出，礼自外作"，乐从内部锻铄人心，改变观念，所以融合于乐舞之中的政治教化，更容易为人民所接受，故而儒家和历代统治者都强调"移风易俗，莫善于乐"。

第二，乐与礼一样，对人民日常生活也起着限制作用。"乐者，节也"，这种"节"既是音乐节奏，又是生活节制。它通过个人的俯仰趋行、队列的分陕行错和音声的高低繁细，来与礼仪细节密切偕配，由之展现出社会规范和价值伦理，所以《乐记》又说："使亲疏、贵贱、长幼、男女之理，皆形见于乐。"

第三，乐有助于庶民醇化性情、返璞归真，使之向善去恶。乐"情动于中"，受此教化和熏染之后，庶民更易安分守己，尊上爱下，这有利于社会安定。《周礼》所说"以乐礼教和，则民不乖"，正反映了它的精神特点。

《乐记》总结说："礼节民心，乐和民声，政以行之，刑以防之。礼、乐、刑、政，四达而不悖，则王道备矣。"正由于此，历代统治者都极其重视礼教和乐教，将其视为与刑法、军政同等重要的大事，孔门也以"复礼""正乐"为学派宗旨。

综上，作为中华文化的重要基因之一，礼乐文化传承至今，有些内容在民间社会已经演变为生动的礼俗。例如，春节的"拜年"习俗，晚辈需向长辈行拱手礼，长辈则以红包回赠，这种"礼尚往来"既维系亲情，又传递祝福。浙江兰溪的诸葛后裔祭祖大典，至今保留明代礼制，千人共诵《诫子书》，乐舞告祭先祖，展现家族凝聚之力。陕西黄陵的黄帝陵祭典和山东曲阜的祭孔大典，也是通过仪式感唤醒文化认同，为社会注入秩序和温情。学习古人的日常生活礼仪，温习中国本有的家礼家教，小者有助于提高国民素质，大者有助于提升国家形象。

明 佚名 《孔子圣迹图·在齐闻韶》局部

孔子和齐国太师谈论音乐，听了传说中舜作的韶乐，沉醉其中，三月不知肉味。

《礼记·乐记》说："乐者，天地之和也；礼者，天地之序也。"儒家认为，礼象征着天地的秩序，乐则象征着天地的和谐。礼使"群物皆别"，乐则使"百物皆化"。儒家理论将礼乐提高到无上的地位，认为礼本源于地，乐本源于天，都得到自然界的禀赋。这些说法虽然不无神秘化的倾向，但确实揭示出礼乐制度对中国传统文化的深刻影响。如果对礼乐文化进行深入研究，并根据当今社会的实际现状而加以有效诠释、良性转化，必定会对解决现代社会的多种问题，建构人与人、人与社会、人与自然的和谐关系，大有裨益。

（作者杨华系武汉大学中国传统文化研究中心主任、历史学院教授）

許⋯德也臣本布衣躬耕於南陽

苟全性命於亂世不求聞達於諸侯

先帝不以臣卑鄙猥自枉屈三顧臣於

草廬之中諮臣以當世之事由是感

激遂許先帝以驅馳後值傾覆受

任於敗軍之際奉命於危難之間

尔來二十有一年矣先帝知臣謹慎故臨

崩寄臣以大事也受命以來夙夜

家

国

乡土之思，邦国之怀

陈延斌

历史始终昭示我们：忠厚传家，家声永振；克绍箕裘，家道隆昌。贵家风、重家国是历代先贤立家处世之本，是中华民族家齐、国治、天下平的前提和基础。

家国情怀，是一种发自内心地将个人、家庭命运与国家前途命运紧密相连的深厚情感，包含家国认同、家国一体、天下为公、和合共生等丰富内蕴，是中华文明绵延数千年历史长河中淬炼出的一种独特精神和文化基因。它孕育于中国农耕文明的沃土，熔铸于家国同构的秩序格局，并在家风传衍中代际磨砺、赓续演进，成为中华民族伟大文明历代传承的一个突出表征。

乡土根脉：农耕文明孕育的家国基因

在中华文明的文学叙事中，乡土眷恋是一个极为重要的题材，对血脉亲情的思念，对家园故土的牵挂，对伟大祖国的依恋，都属于乡土眷恋的范畴。在中华文明的语境中，"乡土"不仅仅是生活空间，也是叙事者与之共生的文化生命体。正因此，诗人艾青在《我爱这土地》一诗中写道："为什么我的眼里常含泪水？因为我对这土地爱得深沉。"

相较于游牧文明和海洋文明，绵延的农耕文明使中国人与土地的感情更为深厚，"面朝黄土背朝天"的生活，"大地如母"的深切体验，形成了中国人对土地的崇拜与眷恋。英国人类学家莫里斯·弗里德曼在《中国东南的宗族组织》一书中指出，传统的中国社会属于农业伦理社会，人与土地的关系是根本的关系。这种关系的发生主要依赖于中国传统社会的农耕文明。浙江河姆渡遗址出土的骨耜、陕西半坡遗址出土的粟，标志着中国先民告别刀耕火种，开启南北农耕时代。商周时期，农具得到显著改良，农业生产技术大幅提高，"千耦其耘"，"播厥百谷"。反映该时期社会生产生活的《诗经·载芟》，就记录了大规模劳作的壮阔场景。春秋战国时期，出现了铁器牛耕，封建土地私有制逐渐确立，伴随着都江堰、郑国渠等水利工程的修建，农耕文明进入高速发展的阶段。秦汉以降，耕作技术、灌溉技术不断改良，农产品日益丰富，农耕文明进入繁荣发展时期。画作是了解古代农业生产技术和农耕文明的重要资料。南宋时期楼璹的《耕织图》、故宫博物院所藏的《耕获图》，

南宋 杨威 《耕获图》

描绘了农夫农妇在田间耕作、家中纺织的场面，生动呈现出丰收的喜悦场景。

农耕文明奠定了民族生存的物质基础，孕育了家国同构的文化基因。历史学家冯天瑜认为"土地崇拜构成中华文明最深层的精神原型"。祭祀土地之神正是此信仰的典型表现。从良渚玉琮蕴含的自然崇拜，殷墟甲骨上的"祭土"记载，到秦汉时土地神祭祀规范化，唐宋时正式将土地祭祀纳入国家祭祀体系，建于明永乐十八年（1420）

清 《雍正帝祭先农坛图》局部

明清时期，皇帝每年春季率群臣到先农坛祭拜神农。
观耕台前还置有农田一亩三分，供皇帝亲耕。

　　的社稷坛，更是成为明清两代皇家祭社神土地、稷神的重地，标志
着这种土地崇拜达到顶峰。庙堂之上，天子率九卿行籍田之礼；江湖
之远，百姓于垄亩阡陌躬耕祈福。古老盛大的祭土仪式，不论风云
变幻、王朝兴亡，始终串联着中华民族的生活空间与精神世界，积
淀为中华民族灵魂深处对土地信仰的深层记忆。

　　农耕文明镌刻了中华民族以土为根的文化印记，中国人视乡土

为生命母体与灵魂归宿，"安土重迁"体现的不舍，"落叶归根"彰显的深沉依赖，祠堂祭祀凝聚的家族血脉，使灵魂在家乡、家族怀抱中得到归依。正如费孝通在《乡土中国》中云："中国社会的基层是乡土性的"；"只有直接有赖于泥土的生活才会像植物一般地在一个地方生下根"。

中华民族以土为根的文化印记，早已在历史的长河里转化为溶

元 钱选 《归去来辞图》局部

于血脉的牢固基因。这种基因在文学的表达中升华为游子乡愁："举头望明月，低头思故乡"，是李白笔下寄托于明月的乡思；"乡书何处达？归雁洛阳边"，是王湾家书中寄托的思念；"不知何处吹芦管，一夜征人尽望乡"，是李益征途中双眸望向的地方。这种基因在事业上转换为荣归故里的期盼：力拔山、气盖世的霸王项羽，推翻暴秦，却不接受大臣劝诫定都关中要地，他执意返回彭城的理由竟然是"富贵不归故乡，如衣绣夜行"。刘邦称帝后，在征讨淮南王返程时路过故乡，高歌出"威加海内兮归故乡"的豪情；苏轼从杭州调任至密州，与友人饯别于西湖之上，许下"何日功成名遂了，还乡。醉笑陪公三万场"的宏愿。在困境、失意时，这种基因又化为归隐向往："不为五斗米折腰"的陶渊明挂印返乡，缘于心驰神往那种"采菊东篱下，悠然见南山"的生活；王维经历了宦途起伏的逆境，表达出"中岁颇好道，晚家南山陲"的超然追求；高适担任小吏的困顿苦闷，使他写下了"生事应须南亩田，世情尽付东流水"，抒发了对返乡生活的美好期盼。

正是这种魂牵梦萦的乡土之思，使得乡土超越了地理坐标、生活场域的范畴，而逐渐成为中国人安顿心灵、存放信仰的地方，成为世代赓续不绝的乡土根脉。

166

秩序同构：家国一体的伦理基石

《说文解字》云："国，邦也；邦，国也。""国"和"邦"语义相近，都可指代有一定领土范围、人民并具备政治组织的共同体。乡土眷恋如何升华为家国情怀？答案在于中国传统社会家国同构的秩序基底，即家国一体的治理模式与伦理本位秩序的统一。

农耕生产催生以家庭为单位的经营方式，形成庞大而缜密的社会网络。人们从家庭、宗族生存秩序出发，建构社会秩序和国家秩序，逐渐形成了家国同构的秩序基底。

中国的家庭与西方不一样。爱琴海是古希腊文明的摇篮，古希腊的城邦国家是在打破血缘氏族的基础上建立起来的。生活在海洋国家的希腊人靠贸易为生，这种贸易活动必然是在城镇聚居，因而社会组织就不可能基于家族利益，而是以城邦为中心来组成社会。这样的传统形成的西方家庭基本是父母与未婚子女组成的两代人的核心家庭，孩子一成年就从家里分离出去，他们重团体生活、宗教生活而相对轻家庭生活。中国则不然，中国社会是在血缘氏族基础上建立起来的，而且作为大陆国家，以农立国，农民祖祖辈辈生活在同一片土地上，安土重迁。中国传统家庭多是由三代人组成，家庭又组成家族，像唐代江州陈氏家族人口达到数千。这种血亲关系将"孝"视为最核心的家庭伦理规范，使成员将家族利益看得至高无上，发展出了家族制度。也就是说，血亲关系是家国同构社会的基础。这种纽带把家庭与家族联结在一起，而不必依靠法律和行政管理的强制。

《史记·夏本纪》载，大禹死后本传位于伯益，但因大禹之子启十分贤能，深得天下人厚望，启顺势继位，标志着禅让制的终结和"家天下"的开始。西周时期"天子建国，诸侯立家"，通过"分封制"与"宗法制"结合，形成"天子—诸侯—卿大夫—士—庶民"的序列，奠定了家国同构的基石。

秦汉的"大一统"体制，使得"家国一体"的治理模式得以承袭并强化。君主与臣民皆有其家，"家是最小的国，国是最大的家"。"君—臣—民"的尊卑秩序衍生出孝悌忠信、礼义廉耻等道德准则。国家以法律与道德治民，家庭以家法族规约束成员，二者相辅相成。君对天下的爱与臣民对家的爱，凝结为中华民族的整体性与统一性，进一步深化了国人的家国之怀。

中国传统伦理秩序赋予家国情怀以实践路向。孟子言："天下之本在国，国之本在家，家之本在身。"《大学》强调"修身、齐家、治国、平天下"的递进路径。相较于西方的个人本位，此秩序以个体为基点，由近及远，构建起整体主义道德系统。它明确君臣、父子等人伦关系的权利义务，将其具象化为忠孝廉耻勇、仁义礼智信等德目，并推动"家国天下""天下为公"等理念的弘扬。由此，"家"与"国"形成稳定秩序，以家为基的乡土根脉升华为超越家族、地域的家国情怀。

家风传衍：家国情怀的赓续密码

如果说乡土情结是培育家国情怀的沃土，家国同构是支撑家国情怀的脊梁，那么家风传承则是贯通家国情怀血脉的经络。这种情怀之所以能在时代变迁中薪火相传、在民族繁衍中历久弥新，正是

宋 佚名《夏禹王立像》

禹

克勤于邦　烝民乃粒

廩數在躬　廕中允執

惡酒好言　九功由立

不伐不矜　振古莫及

宋 "家国永安"瓷枕

枕壁有菊花纹，枕面印珍珠地，书"家国永安"四个大字。
此枕制于熙宁四年（1071），正是王安石变法之际。

依托于"无言教化"的家风力量。

家，本义是人的居室。南朝文字训诂学家顾野王在字书《玉篇》中说："家，人所居，通曰家。"这里的人，首先指夫妇，家是夫妇共居的屋室。《诗经》将家与室连起来合用，通称"家室"或"室家"。故而我们可以把"家"定义为：以男女婚姻关系为基础的、父母子女在一起劳动与生活的最小社会组织。家既指个人家庭，也指同姓亲属集体，合称家门、家族。《管子·小匡》云："公修公族，家修家族，使相连以事，相及以禄。"

有了家，就有了家长、家道、家风等问题。其中，家风是家文化的表征。家风也称"门风""门声"，鉴于古代父兄对家庭家风影

清 蒋溥 《二十四孝事绩图》之汉文侍疾

古代中国强调家国一体、忠孝一体，主张"孝治天下"。

响最大，也被称为"父风""兄风"。家风是家庭或家族的风气、风格与风范，是在累世繁衍生息的过程中形成的较为稳定的生活作风、立身处世之道、道德面貌和价值观念的综合体。"家风"一词最初使用是在西晋时期。庾信《哀江南赋序》中说，时人潘岳作《家风诗》，被称为"始述家风"。

翻开中华民族文化史，家风文化积淀深厚、源远流长。中华民族优秀家风蕴含着我们民族数千年的传统美德，传承着中华儿女修齐治平、轨物范世的精神薪火。以北齐颜之推的《颜氏家训》为例，其《名实》《治家》篇对自己家庭"风教""风化"（即家风的教育功能）、父母陶染做了系统总结，既给子孙介绍了自己受颜氏家风熏陶

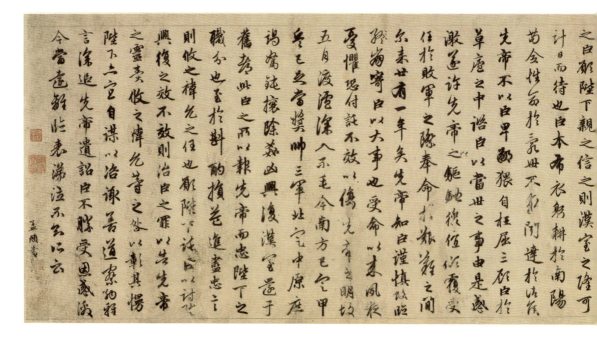

元 赵孟頫 《行书出师表卷》

诸葛亮所作的《出师表》充溢忠心报国、忧国忧民的家国情怀，被千古传颂。

成人成才的经历，也要求子孙"笃学修行，不坠门风"。

中华民族优秀的传统家风文化传承于各个时代，弘扬于社会各个层面，既有礼贤下士、为政以德的君王帝后家风，教家立范、勤政公廉的名门显宦家风，士魂商才、仁心义路的商界翘楚家风；也有淳风厚俗、仁德范世的义门世家家风，以身示范、睦族善邻的庶族百姓家风；还有救亡图存、济世经邦的志士英烈家风，投身革命、家国天下的老一辈革命家家风。这些优秀家风文化生动地诠释了"天下之本在国，国之本在家"的理念，在中国人心中根深蒂固，融入了民族的血液里，为我们提供了安身立命的可贵借鉴。

家风作为一种文化现象，是由家训教化、家礼家德濡染而成的，尤其是家训教化。具有三千多年历史的家训文献卷帙浩繁，既是传统社会指导、规约家庭成员的行为准则，也是居家生活、轨物范世的家庭教育教科书。传统家训教化内容极其丰富，涉及各个生活领

出师表

先帝创业未半而中道崩殂，今天下三分，益州疲弊，此诚危急存亡之秋也。然侍卫之臣不懈于内，忠志之士忘身于外者，盖追先帝之殊遇，欲报之于陛下也。诚宜开张圣听，以光先帝遗德，恢弘志士之气，不宜妄自菲薄，引喻失义，以塞忠谏之路也。宫中府中，俱为一体，陟罚臧否，不宜异同。若有作奸犯科及为忠善者，宜付有司论其刑赏，以昭陛下平明之治，不宜偏私，使内外异法也。侍中侍郎郭攸之、费祎、董允等，此皆良实，志虑忠纯，是以先帝简拔以遗陛下。愚以为宫中之事，事无大小，悉以咨之，然后施行，必能裨补阙漏，有所广益。将军向宠，性行淑均，晓畅军事，试用于昔日，先帝称之曰能，是以众议举宠为督。愚以为营中之事，悉以咨之，必能使行阵和睦，优劣得所。亲贤臣，远小人，此先汉所以兴隆也；亲小人，远贤臣，此后汉所以倾颓也。先帝在时，每与臣

域，核心始终围绕睦亲治家、处世之道、教子立身三个方面展开。司马光家训中要求为家长者"谨守礼法"，"以义方训其子，以礼法齐其家"，着力培育和传承优良家风。司马家族虽世代贵胄，却一直恪守"世以清白相承"的朴素家风。司马光在家训《训俭示康》中告诫儿子司马康，一定要吸取寇准不良家风致家族败落的教训，而且要用这篇家训去训诫子孙，永远传承节俭为荣、奢侈为耻的司马氏"清白"家风。宋代名臣包拯在短短几十个字的家训中，要求为官子孙不得贪赃枉法，要保持清廉家风。写下"先天下之忧而忧，后天下之乐而乐"的范仲淹，亦写下"孝道当竭力，忠勇表丹诚"等家训，要求子孙忠君报国，其子范纯仁秉承父志，官至宰相仍布衣素食，范氏家族八百年间涌现百位贤才，形成心怀家国、立学济世的家风传统。爱国诗人陆游《放翁家训》叮嘱子孙继承祖先宦学相承、清白俭约、注重节操的家风。元朝出身于契丹皇族的大臣耶律楚材，

掩書餘味在胸中

滌生曾國藩

歌枕舊游来眼底

耀廷五兄鑒

经常对儿子进行显赫家史的教育，要儿子建功立业，"勿学轻薄辱我门"。"晚清第一名臣"曾国藩，戎马倥偬仍不忘通过1500余封家书以训诫兄弟、子侄，要他们遵守祖先教诲，"以绍家风"。后人精选其数百封家书辑成的《曾文正公家训》，内容涉及为政、行军、作战、修身、劝学、治家、交友、用人、理财等，被誉为达到了"仕宦家训的峰巅"。由于曾国藩教家有方，以良好家风潜移默化地熏染了子孙，子孙也力戒达官贵人之家的骄奢陋习，从而人才辈出，各自在不同领域取得显著成就。尤其是儿子曾纪泽成为学贯中西、抵御外侮的外交家。曾国藩家训对社会亦产生了深远影响。梁启超曾评价说："孟子曰：'人皆可为尧舜'……吾不敢言。若曾文正之尽人皆可学焉而至，吾所敢言也。"毛泽东青年时代也对曾国藩十分赞赏，表示"愚于近人，独服曾文正"。

如果说帝王家风以修德治国为根本，仕宦家风以忠君报国为信条，那么庶民家风则以家庭家族延续为旨要，因此，"耕读传家""孝义齐家"等价值观念便成为庶民家风的丰厚内涵。被朱元璋赐匾"江南第一家"的浦江"郑义门"，如今是浙江省廉政教育基地。郑氏家族不仅对读书子弟从小进行为官道德教育，如其家规《郑氏规范》规定"子孙倘有出仕者，当夙夜切切以报国为务，抚恤下民"；家规甚至为出仕子弟廉政做了"制度设计"：如果因俸禄微薄而生活窘迫，家族予以补贴资助，即"不可一毫妄取于民，若在任衣食不能给者，公堂资而勉之"。该家族宋、元、明三代173人为官，竟无一人因贪腐被查。

中国传统家训文献在民间影响最大的莫过于《治家格言》，世称《朱子家训》，被尊为"治家之经"。该篇自清代至民国年间一度成为童蒙必读课本之一，流传甚广，当时大江南北许多人家厅堂之上都挂有《治家格言》，作为治家教子的座右铭。现在去西递、宏村等古镇旅游，还能在一些人家的照壁、中堂、祠堂等处看到书写或雕刻的《治家格言》全文，可见这篇家训文献遗产的恒久魅力。该家训作者朱柏庐家族的家风也是庶民家风的突出代表。朱柏庐父亲朱集璜是一个"素有学行"、颇具气节操守的士人，昆山被清军围困，朱集璜参与抵抗清军，城破被执，不屈被杀。父亲的家教家风深刻影响了朱柏庐，父亲死时他才十八九岁，在父亲坟旁庐墓三年，勇敢地挑起了侍奉母亲、抚养弟妹的重任。生活稍有改善，又带领族人共同购置祭祀祖先的祭田与资助贫穷宗亲的义田。在家庭生活中他俭约自持，表率家人。就连七十岁生日时请亲戚朋友们吃饭，也几乎都是素菜。他一生秉承父志，坚守民族气节，不与清朝朝廷合作。清康熙十八年（1679），朝廷为了笼络汉族知识分子，开设博学鸿儒科，他"以死自誓"，坚辞不应。后来地方官举荐他为"乡饮大宾"，他又坚决拒绝。朱柏庐一生未仕，在家乡教授学生，他以程朱理学为本潜心治学，著有《愧讷集》《大学中庸讲义》等著作。事迹被收入《清史稿·孝义传》中，名列第一，可见其品行在当时的重大影响。

朱柏庐的《治家格言》，通篇仅五百余字，却言约义丰，字字珠玑。家训以对仗工整的格言警句、朗朗上口的韵语，道出了为人处世、治家修身之道，内容几乎涵盖持家、慈孝、睦亲、修身、处世、励志、勉学、婚恋、为政、养生等各个方面。家训表征了朱柏庐家族的优良家风，是朱氏家族数百年家教文化的总结。《治家格言》不仅是朱柏庐写的，更是他率先垂范、身体力行的。朱柏庐的家训成为朱氏家族轨物范世的遵循，朱氏后人无不谨守《治家格言》，注重"由日用伦常上下功夫"。不仅如此，由于朱柏庐品行高洁，威望甚高，还带动了当地的民风向好。史书记载，"乡里争曲直，得用纯（朱柏庐字用纯）一言即解"。这些彪炳史册的鲜活例子，都给我们今天家庭教育、家风培塑提供了丰富滋养。

浸润家国情怀的优秀传统家风文化在当代中国发扬光大。"将军农民"甘祖昌，是新中国的开国将军，但为了帮助乡亲们过上好日子，毅然回农村当农民，带领乡亲们努力奋斗。去世时只给家人留下了三枚用鲜血换来的军功章，而把水渠、大桥和良田留给了乡亲们。他夫人龚全珍同志传承和弘扬了艰苦奋斗、造福人民的优秀家风，她经常教育子女"永远跟党走"，永远为人民工作。这位全国道德模范与丈夫甘祖昌将军共同培育的优秀家风，不仅传承给了子女，而且感动了成千上万的乡亲们，他们共同奋斗，努力改变家乡面貌，推动当地的民风向上向善。

家风有优劣之分，对子弟成人成才与否和家族兴衰起着重要作用。良好家风能使家人耳濡目染，成为一种无形的教化力量，约束和激励子弟在家庭生活中继承父祖的优良品德和传统。《后汉书·杨震列传》记载，汉代太尉杨震，以畏"四知"闻名于世。子孙继承杨震廉政教诲，"能守家风，为世所贵"。与杨震同为"东京名族"的袁绍、袁术家族，因家风不良，"车马衣服极为奢僭"，遂至很快败亡，这也从反面佐证了不良家风对子弟和家族的戕害。

历史始终昭示我们：忠厚传家，家声永振；克绍箕裘，家道隆昌。贵家风、重家国是历代先贤立家处世之本，是中华民族家齐、国治、天下平的前提和基础。尽管时代变迁，聚族而居的生活模式已成过往，但"家"仍是社会的细胞，仍然承担着文化记忆建构、精神基因传承的使命。以家国情怀为核心要义的家风文化仍然是中国人永远张扬的精神标识。

危局抉择：家国共生的文明韧性

家国共生是中华文明鲜明的价值观念，它以"家国同构"为历史基底，将血缘伦理中的孝亲义务升华为政治伦理中的报国担当，最终实现个体与集体的价值同构。尤其是在面对历史危局时，家国共生的理念将忠君孝亲的伦理义务，演进为救亡图存的民族觉醒，升华为民族复兴的责任担当。纵览中华民族发展史，由家国共生理念熔铸的家国情怀始终驱动个体，将家族命运融入国家兴亡，将孝亲义务、个体生命、家族命运融入国家共同体之中，升华为公忠体国的担当。

在古代中国，家国共生理念具体表现为忠孝一体的观念。先秦时期宗法分封制使家国相连；秦汉大一统社会，尤其是汉武帝"独

南宋 文天祥 《谢昌元座右自警辞》

文天祥借谢昌元之文批判官场倾轧，强调士人操守。

尊儒术"的政策，促进"孝""忠"交织，逐渐形成个人伦理与王朝命运同频共振的忠孝一体观。《孝经》言："君子之事亲孝，故忠可移于君。"

《颜氏家训》是中国第一部全面系统的"家庭教科书"。家训的教化，使颜氏子孙牢记"世以儒雅为业"的教诲，为学者勤勉成才，为官者忠君恤民，其品行节操代代传承。颜之推五世族孙颜杲卿，忠义刚直，在安史之乱中联合时任平原太守的堂弟颜真卿共同起兵，抗击安禄山叛乱。次年兵败被俘，颜杲卿在安禄山面前大义凛然、宁死不屈，被其"节解"惨死。颜真卿同样节操忠烈，事亲孝顺恭敬，为官刚直清廉，身处奸相杨国忠排斥的逆境，仍然忠于国事，勤政不辍。唐德宗时，李希烈叛乱，颜真卿不顾个人安危前往宣谕，被叛军杀害。

家国共生、忠孝一体的观念在家国危亡中愈加彰显。精忠报国的岳飞，一首《满江红·写怀》尽显彪炳千秋的家国情怀和耿耿忠心；文天祥被俘不屈，吟出"人生自古谁无死，留取丹心照汗青"的千古绝唱；明代朝臣杨继盛舍家为国、勇斗奸臣严嵩专权，不屈被杀。抵抗清兵入侵的斗争中，涌现了史可法、瞿式耜、夏完淳等一大批宁死不屈、为国尽忠的抗清义士，表现了威武不屈的民族气节。该时期一些崇尚气节的思想家亦然，他们满怀民族义愤，以拯救民族危亡为务，一生念念不忘复国，反清失败后则隐居不仕，著书立说，启发民众思想，告诫子弟牢记国耻，不仕清朝。傅山、朱之瑜、顾炎武、王夫之等就是其中的杰出代表。文学叙事中，更有花木兰替父从军、杨家将满门忠烈。这些皆诠释了危局下家国共生、大义为先的气节，叙写了中华民族家国情怀的史诗。

近代以来，对"国"的认识逐渐接近于统一的"中华民族"概念，演变为领土、人民、主权的复合体。鸦片战争的失败打碎了天朝上国的千年之梦，中华民族遭遇前所未有的危机。面对内忧外患的民族劫难，中华民族秉持的家国情怀，始终激励志士仁人不问家世、不问阶层，做出家国共生的坚定选择，他们四处奔走呐喊，担当起救亡图存的历史大任。

林则徐虎门销烟，彰显了中国人抵抗侵略的坚强决心，却被道光帝以"误国病民，办理不善"的罪名革职查办、流放伊犁。在与亲人离别时，他吟出了"苟利国家生死以，岂因祸福避趋之"的豪迈诗句，临终仍心系救亡，将编写的《四洲志》寄给好友魏源，希望其代替自己唤醒朝堂和百姓"开眼看世界"。这位伟大的爱国主义者，一生始终怀揣国家民族大义，至死不渝。

烈士林觉民的《与妻书》，是一篇交织着铁血与柔情的绝笔。这封起义前写在一片方巾上的家书，被誉为20世纪最美情书，曾让无数中华儿女泪满衣襟。遗书字字泣血，将爱妻、舐犊的私情，淬炼为"助天下人爱其所爱"的深情，凝汇着国家危亡之时，革命志士的家国大义。他要妻子嘱咐五岁的儿子和即将出生的孩子继承自己的家国之志、接续奋斗；他叮嘱妻子"以天下人为念，当亦乐牺牲吾身与汝身之福利，为天下人谋永福也"，坚定地表达了"吾今死无余憾"的爱国为民豪情。1911年4月27日，林觉民在激烈的巷战中被俘，后从容就义。在摇摇欲坠的至暗时刻，他以笔墨为刀剑，将对妻子的深情，化作四万万同胞的觉醒号角。

新中国成立后，美苏等国凭借核潜艇技术优势，对我国进行技术封锁，妄图遏制我国的发展。1958年，为打破这一僵局，中央

近代 林觉民 《与妻书》

批准研制导弹核潜艇。核潜艇工程总设计师黄旭华，自此隐姓埋名三十年，抛妻别子，一度背负不肖子孙的骂名，甚至连父亲临终都未能见最后一面。1988年，我国核潜艇首次进行深潜试验，已到花甲之年的黄旭华不顾反对毅然下海试潜，为核潜艇的问世立下汗马功劳。在人们追问他是否后悔时，他坚定地说："对国家的忠就是对父母最大的孝""此生属于核潜艇，此生属于祖国，此生无怨无悔。"

从危局到变局，从乱世到治世，家国情怀始终激励着中华儿女将个人命运与民族存亡紧密联系在一起，将血缘亲情升华为家国大义。对家国共生理念的坚守，助力中华文明成为当今世界唯一绵延不断且以国家形态发展至今的伟大文明。

植根于中华民族文化沃土、充溢着鲜明家国一体、和合共生的整体意识与集体主义精神的家国情怀，既涵育了中华民族一脉相承的文化心理，也彰显了中华文明的突出特性，凝结着中国人对家庭、乡土、祖国的深沉眷恋，牢牢支撑着个体生命、家庭生存、社会稳定及国家运行的深层秩序。

这种薪火相传的家国理念，集中表达着中国人的生活智慧、道德追求、人生信仰与政治理想，早已在中华文明绵延不息的历史进程中，积淀为中华民族赓续不绝的文化基因。"此生无悔入华夏，来世还在种花（'中华'谐音）家"，正是独具魅力的家国情怀在亿万华夏儿女心中的共鸣。这种洋溢着民族自豪感、使命感的基因，过去是历代志士仁人、前圣往贤的情感共鸣和价值追求，今天仍然是中国人在民族复兴征途上接续奋斗的强大精神动力。在百年未遇之大变局的当下，要着力弘扬这种传承千年的家国理念、民族归属意识，培养一代代中国人家国一体、公忠体国的思想观念，涵养广大国民尤其是青少年的价值观、人生观，激励他们更加自觉地将个人命运与家庭、国家前途命运融为一体。

此外，以家国情怀为重要内核的家风文化，既是民风世风的基础，也是党风政风建设的要义。对传统家训教化、家风熏陶经验进行系统梳理，在此基础上结合时代要求，汲取传统家文化的家国理念，以及睦亲、教子、持家、处世、报国的积极内容为今所用，无疑能为建设风清气正、德厚流光、文明昌盛的新时代提供理论支撑和实践借鉴。

（作者陈延斌系江苏师范大学中华家文化研究院院长、教授）

日

新

革故鼎新，与时偕行

张国刚

"日新"就是一种生活态度，一种人生智慧，一种治国理念。它不仅是人生的进德修业，是国家的革故鼎新，还包含着文化的返本开新，更升华为一种与时俱进的哲学境界。

世界文明犹如姹紫嫣红的大花园，中国文明是园中独具特色的一朵灿烂花朵。文明的独特品格存在于民族的独特性格中，是民族特性中文化因素的集中体现。从民族的特性可观察文明的基因，解释行为的内在逻辑与动力。

大千世界，万千变化。中国的古老典籍之一《周易》就是研究变化的经典。"易"是变化之意，其起源十分久远，可以说与中华文化同步而生。二十四节气，是对气候变化的命名；天干地支，是对时间变化的命名；东南西北中、九州五湖，是对空间分布的命名。"逝者如斯夫，不舍昼夜"，是对事物不断变动的直观体验。

如何应对世界的变化？用怎样的智慧应对这种变化？"日新"就是一种生活态度，一种人生智慧，一种治国理念。它不仅是人生的进德修业，是国家的革故鼎新，还包含着文化的返本开新，更升华为一种与时俱进的哲学境界。

苟日新，日日新，又日新

古语云："苟日新，日日新，又日新。"

相传，这句话被商代开国明君汤铭刻在日常盥洗用的澡盆上，以警示自己，谓之"盘铭"。意谓人的修炼与进步，就像要每天洗涤一样，一天新，天天新，更加新。商汤用身体的"日新"来比喻精神境界的不断升华和为人处世的积极进取，正是在这种"日新"的自省精神里，商汤能够顺应民心、励精图治，取代暴政的夏桀，创建了新的政治秩序，成为贤德之君的典范。

周初文献《康诰》中有"作新民"一语，意思是要让人人都弃旧图新。从个人到国家，都应该求新求变。所谓"周虽旧邦，其命维新"，周虽然是古老的国家，却被赋予了新的天命，要革除此前王朝的积弊，开创全新的政治秩序。

实现"日新"的前提是不断学习。《论语》便以"学而时习之，不亦说乎"为开端。任何人都是从学生开始：向生活学习，向老师学习，向社会学习，向书本学习，向实践学习。学习的内容不仅仅是知识和能力，也包含着品格、道德和情操的提升。对莘莘学子而言，努力学习，不断进取，乃是人生正途，也是"自强不息，厚德载

清乾隆 碧玉大盘

乾隆命工匠在这件他钟爱的玉盘内刻了御制诗，其中即有"汤之盘铭日新德"句。

物"的本义。历代的家教、家训、家规，无不在这方面加以弘扬和强调。于是，悬梁刺股、凿壁偷光等故事家喻户晓，与唐诗宋词一起，成为启蒙教育的素材，也成为我们儿时记忆的一部分。可以说，自强不息的精神本色浸润在中国古老的传说中。精卫填海、愚公移山、后羿射日，都体现了中华民族自强不息、不畏艰难险阻的崇高品质。

中华民族是一个热爱知识、热爱学习的民族，顽强的进取心成为中国人的标志之一。《资治通鉴》曾经记载了孙权劝学的故事。吕蒙是东汉末年孙权的谋士和将领，有一天，孙权找到吕蒙并劝他努力向学，吕蒙以事务烦冗推托。孙权则用自己读书的经历勉励吕蒙，鼓励他"但当涉猎，见往事耳"，吕蒙于是向学。几年之后，鲁肃在浔阳见到了驻军于此的吕蒙，几番交谈之后，为他的睿智大吃一惊："卿今者才略，非复吴下阿蒙。"吕蒙调侃道："士别三日，即更刮目相待，大兄何见事之晚乎！"这一段对话千古流传，告诉后之来者：好好学习，天天向上。

《资治通鉴》还记载：北魏开国皇帝拓跋珪问身边的侍臣，什么东西能够益人心智，使人变得更聪明？侍臣答："莫如书。"北魏治理的进步就从这样的对话开始。可见努力学习、不懈进取，是自强不息的生动写照，是中国人一生的追求。

"日新"也体现在对精神境界的不懈追求。王阳明在龙场驿悟道就是很有名的例子。明武宗正德年间，王阳明被贬贵州龙场驿。在龙场驿安静而艰苦的环境中，他反复思索推敲，终于一朝彻悟，创造了阳明心学，使宋明以来的理学思想进入一个新境界。

作为文明未曾断裂的古老东方大国，中国自古以来有着自己独特的知识创新轨迹：汉字、中医、京剧等"国粹"；造纸术、指南针、印刷术与火药等科技；汉赋、唐诗、宋词等文学；科举考试、察举征辟、郡县民本等治国经验与制度创新。

以文学为例。王国维先生曾经提出"一代有一代之文学"，揭示了中国文学在不同历史时期的独特风貌与卓越成就。唐代是中国诗歌发展的黄金时代，诗人们以豪迈的笔触描绘盛世景象，抒发壮志豪情，让唐诗成为中国文学的一个高峰。到了宋代，能够兼容婉约与豪放风格的词体成为文学的主流。元代社会动荡，文人仕途受阻，杂剧和散曲成为他们抒发情感、批判现实的重要方式，元曲以通俗易懂、贴近生活的特点，受到百姓的喜爱。明清时期，伴随着商品经济的繁荣和市民文化的进一步发展，一批伟大的小说以宏大的叙事和丰富的人物塑造，对社会进行了细致而深刻的书写。这些不同的文学形态，是不同的时代精神的产物，它们共同构成了中国文学

题跋中写道：
"盖学问之道随处即是，惟宜读书以先之。"

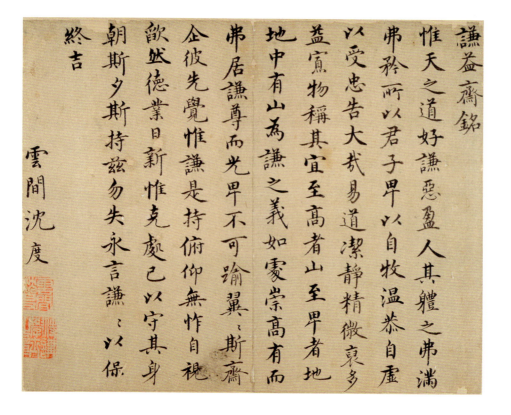

明　沈度　《谦益斋铭》

文字中提到，要保持谦虚，反省自身不足，才能"德业日新"。

的璀璨星河。

"日新"精神不仅在文明的词典里，而且存在于人生实践、社会生活之中。"纸上谈兵""清谈误国""实践是检验真理的标准"之类的成语警句，就是否定那些轻视实践经验、只会夸夸其谈的人。"日新又新"要求个人不断反省、改进，追求道德与智慧的提升。通过每日自省，发现不足并改正，逐步完善自我。这种持续进步的态度有助于个人在道德、学识和能力上不断突破。

"日新又新"还意味着要不断更新知识，跟上时代发展。创新是推动社会进步的动力，只有不断创新，才能在竞争中保持优势。无论是科技、文化还是制度，历史上的进步往往源于对旧有模式的突

190

破，只有不断更新，社会才能保持活力。

穷则变，变则通，通则久

从个人的自我提升到国家的革新治理，"日新"精神始终贯穿其中，展现出强大的生命力。

《周易》的作者据说有"三圣"——伏羲、周文王和孔子。伏羲作八卦；文王演《周易》；孔子及其后学对于《周易》的解读凡十篇，号称"十翼"。"十翼"中的《杂卦》一篇总结出"革故鼎新"四个字：革其故旧，迎接新生。我们认为，《周易》对"革故鼎新"的总结符合中国历史发展的实际。

《史记》记载，中华文明成形定格时代从五帝（《五帝本纪》）开始，到汉武帝（《孝武本纪》）结束。黄帝是中华文明始祖，经历颛顼、帝喾、尧、舜，至于夏禹以及夏朝的建立，华夏文明诞生。从黄帝至尧舜的禅让制到夏启立国的家族世袭，是重大的历史转折。

夏商周三代文明具有继承性和连续性，也有损益和变革的一面。孔子在《论语·为政》中说："殷因于夏礼，所损益，可知也；周因于殷礼，所损益，可知也。"在这里，"因"展现的是延续，"损"则体现了变革。比如，殷人崇鬼而周人尚德，在因革的过程中表现出不同的政治文化和社会制度。而无论是伊尹辅佐商汤，还是周公在西周建国中创建礼乐文明，都标志着时代的变革。古时的朝代递嬗，就是所谓的"革故鼎新"。

西周礼乐文明灿烂辉煌，但是在接续的春秋战国时期却遭遇衰败，礼崩乐坏。革故鼎新因而成为时代的要求。从管仲到子产，从胡服骑射到李悝的《法经》，各个方面的改革前后相继、此起彼伏。其中，商鞅变法影响最深远。

商鞅变法从富国强兵的现实需要出发，其革故鼎新的范围，涉及土地制度、农业政策、科技种田；涉及人事制度、法治措施、郡县制及其以下的基层政权建设；涉及军事组织、武器装备以及军功爵激励机制等。大到治理模式的理论探讨，小到度量衡标准的统一制定，秦国的变革系统而深入。商鞅变法从实践和理论上推进了革故鼎新思想的深化与弘扬。

"常人安于习俗，学者溺于所闻。"革故鼎新往往受到惯性和惰性的阻碍，在新的历史形势和历史挑战中，唯有勇于正视时代的问题，顺应社会发展的规律，才能够突破陈法旧政的桎梏，实现伟大变革。正所谓"苟可以强国，不法其故；苟可以利民，不循其礼"，大胆的求变意识、果断的决策能力和坚定的执行能力，是商鞅变法取得成就的关键原因。

夏商周三代的"礼"不一样，都称王于天下；春秋五霸齐桓晋文，各有不同的霸业路径。改革是非常之事，要成就的是非常之功，故需要有非常之人，需要有高度智慧。商鞅变法之后，经过120多年的军事斗争和政治外交角力，秦始皇终得以在公元前221年统一了六国，中华文明从此以大一统的政治体制开创了新纪元。

秦建立以后，如何治理这个大一统的国家却是一个新课题。革故必须要有鼎新，革故鼎新就是国家治理的探索过程。秦朝的统一只维持了短短15年，继起的两汉却各有200年左右。为什么秦朝二世而亡？贾谊的《过秦论》做出了响亮的回答："仁义不施而攻守之势异也！"这个论断指明了治国之策的改进重点，即完成从马上打天

战国 商鞅方升

铭文记载了商鞅变法时确立度量标准和秦始皇兼并六国后统一度量衡之事，
是商鞅变法的直接物证。

下到马下治天下的政策转变。

　　这其实也是早年陆贾对刘邦的忠告。刘邦君臣在西汉开国初年对于秦亡原因的讨论，直接转化成汉初"黄老无为"的治理方策，即与民休息、轻徭薄赋、减轻刑罚。历经孝惠、吕后和"文景之治"，汉初60余年间，抚平战争的疮痍，出现经济繁荣、民殷物阜的康乐局面。

　　在这个时候，汉朝人的历史经验总结才逐渐走向深邃。汉朝人把秦制与秦政区别开来，革故鼎新不只是王朝的更替，更是制度的更新。在后世的历史叙事中，秦政"刻薄寡恩"，与周人的"礼义仁德"形成强烈对比。汉朝继承秦朝统一的中央集权的政治制度，却改变秦朝"以吏为师"的治理体系，这就是所谓因袭秦制而变革秦治。简单地归纳起来，周人尚仁德，秦人尚刑法，汉人折中调和，"黄老之道"就是这种调和的过渡形式。到了汉武帝时代，形成了"霸王道

汉 海昏侯墓孔子衣镜（复制品）

最上一栏左为孔子，右为颜回。将孔子形象绘制到日常用具上，
反映了汉武帝独尊儒术后儒学地位的上升。
这也是目前所知最早的孔子形象。

杂之"的治理体系，并以"独尊儒术"的教化口号为名。独尊儒术是为了统一大众的思想和价值观。董仲舒说："今师异道，人异论，百家殊方，指意不同，是以上亡以持一统；法制数变，下不知所守。"这种治理体系和思维奠定了汉代大一统的政治秩序，其中，不仅政治秩序趋于稳定，社会风俗也得到了敦化。

汉武帝的改革是对商鞅变法以来制度沿革的总结与完善。从秦皇到汉武，赓续上古时期中国历史因革损益的长期成果共同奠定了大一统中央集权体制，奠定了中华文明的制度基础。汉代以后，中华民族的主体文明——华夏文明，被更清晰地定义为"汉文明"。

多元交融，返本开新

任何一个悠久的文明，不仅要善于整合内部要素，还要能够应对外部冲击。汉唐之际，华夏文明受到外部的两大冲击——佛教入华的文化冲击和五胡入华的政治冲击。而中华文明的应对之道是兼容并蓄，开放包容；继往开来，返本开新。可以说，中华民族共同体在形成过程中经受的外部冲击的考验，是另外一个意义上的革故鼎新。思想的相互交织、民族之间的相互交融，让中华文明始终保持着开放的姿态，呈现为多元一体的格局，彰显出"融同化异"的坚韧特性。

汉武帝罢黜百家、独尊儒术，整合了春秋战国百家争鸣的思想学说。礼法合治、德主刑辅，成为中国古代治国理政的基本方针。儒家思想意识形态成为官方的主流意识形态。但是，当时的儒家思想在本体论、认识论方面还存在不足，尚未完全满足民众对生死、

南宋 佚名 《虎溪三笑图》

相传僧人慧远送客从不过溪。一日陶渊明和道士陆修静来访，言谈甚契，相送时不觉过溪，虎则号鸣，三人大笑而别。这个传说是当时佛、道、儒三家融合趋势的反映。

宇宙等终极问题的解释需求，加上汉魏之际中原政权更迭频繁、社会动荡不安，为佛教思想的传入创造了条件。

佛教的冲击是巨大的，魏晋玄学所谓"非汤武而薄周孔""越名教而任自然"，慧远《沙门不敬王者论》等辩论，直接挑战了儒家名教秩序。唐宋之际，张方平甚至说"儒门淡薄，收拾不住，皆归释氏"。汉儒专注于修齐治平之学，却疏忽了性理之学。为了应对这种局面，儒学思想家们在借鉴吸收佛道思想的基础上，对儒家的思想内涵进行了更深入的挖掘。韩愈、李翱开其先，北宋五子（周敦颐、张载、邵雍及程颐、程颢兄弟）继其后，进而发展到朱熹、陆九渊、王阳明等人，他们努力挖掘儒家思想传统中的性理之学，援佛入儒，畅谈义理心性，满足汉唐以来人们在思想文化上的需要。由此，佛

北魏 龙门石窟卢舍那大佛

北魏孝文帝迁都洛阳后，积极推行汉化政策。
龙门石窟的造像中，许多佛像身着宽袍大袖式的裟裟，体现了对中原文化的吸收。

教不仅实现了中国化，而且补益了儒家思想的不足。亚洲文明的交流和互鉴在唐宋以后的中国结出了丰硕的成果，而这些成果是以思想文化领域的继往开来、返本开新而浇灌实现的。

任何一个古代文明，其空间环境都存在与其他种族及文化相邻的情况，冲突和碰撞是难以避免的。在全世界范围内，有过几次游牧民族冲击农耕文明的现象，在西罗马帝国的场域表现为蛮族入侵，在中国中古时代则有"五胡入华"。不过，各个古典文明如何与周边民族相处、相处的结果如何则有巨大差别，对今天不同文明的形态也有着深远的影响。

"五胡入华"时期，北方的所谓五胡十六国，以北魏统一黄河流域、南北分裂而结束。5世纪末期冯太后和魏孝文帝推行的"太和改

唐 三彩釉陶骆驼载乐俑

骆驼上有五名胡、汉男子，中间胡人站立舞蹈，其余四人围坐演奏，
反映出文化艺术的交融。

制"，在政治、经济、文化上推行了一系列借鉴中原政权的改革措施，本质是与时俱进的汉化改新，它是重建统一的第一步。统一是"正"，守正竟然以南北双方各自趋近对手的方式达成，这就是出奇。北朝的汉化改革扫平了南北统一的制度障碍。6世纪前期"六镇起义"以及尔朱荣被杀后北魏的分裂，是对孝文帝改革的反拨，也是对改革的消化。"太和改制"以来的一系列政治事件从正反两个方面加速了北朝的民族融合，最终为新的中华大一统创造了条件。

隋唐王朝就是"六镇军将"后裔建立的新的大一统政权，而且成为中古盛世的高峰。隋文帝的"圣人可汗"尊号、唐太宗开始的"天可汗"尊号（后世唐朝天子仍用此号），其实就是"胡汉一家"的政治文化表现。一方面，汉族文化吸纳胡族优秀血统注入自己的躯体；另一方面，在汉族先进文化的影响下，胡族政权也实现了"日新又新"。胡汉双向融合，也是中华民族统一的多民族国家形成和发展的重要条件。

安史之乱是唐朝历史的转折点，也是中古历史的转折点。中国又步入了一个胡汉冲突与融合的"类南北朝"时期。安禄山、史思明都有胡族背景，其崇奉的宗教是袄教，俗称拜火教。近几十年在陕西、山西、宁夏等地发现了许多汉化了的袄教遗迹和墓葬，证明北朝以来胡汉融合的深化。

安、史先后在洛阳和幽州建都的燕政权，只能算是地方割据势力。但经过五代时期燕云十六州的割让，到了两宋时期，竟然形成了与中原王朝对立的分裂政权，出现了新的南北对峙局面——北宋与辽对峙、南宋与金对峙。从安史之乱到宋朝与辽金对峙，断断续续几百年，是继南北朝之后又一个胡汉冲突与融合的激烈时期。而辽金政权持续不断的制度更新，不同程度地、因地制宜地推行汉化政策。

完成南北大一统的元朝同样如此，元朝的行省制度既是对唐宋中书省的传承，又是对唐宋道、路地方监察体制的创新。

从北魏孝文帝、辽圣宗、金熙宗，到忽必烈，所有的鼎革之变都指向胡汉文化的融合，都经历了胡制融入汉制的进步历程。而所有北方民族建立统一政权的初期，如耶律阿保机、完颜阿骨打、成吉思汗、努尔哈赤，无不是在中原政权影响下，经历走出氏族和部

统领释教大元国师青玉印

元朝皇帝赐给国师的玉印，藏传佛教萨迦派多位首领被封为元朝的"帝师"或"国师"。
印文使用的是萨迦派第五代祖师八思巴创制的八思巴文。

落民主制，最终走向中央集权制，总体方向是胡汉融合走向大一统。

革故鼎新是表，中华民族共同体形成的步履维艰是里。表里互动，始终伴随着中华民族统一国家的构建过程。元、明、清三朝的革故鼎新，尤其彰显了多民族国家形成中的守正创新和返本开新。

忽必烈创建的大元王朝是中国历史上第一个从胡族立场完成中国统一的王朝。元朝修撰《宋史》《辽史》《金史》，将南北的中国王朝都列入中国历史正统序列，不分胡汉。这实际上是对统一南北朝的唐朝史学传统的继承。唐朝修《南史》《北史》，采取了胡汉并列的原则。唐太宗指定魏徵主编的《隋书》中有"五代史志"，所"志"内容包括南朝的梁陈、北朝的周齐及隋，也是兼容胡汉的。这是一种包容，更是一种继往开来的政治智慧。

相对于汉族发起的大一统，胡族发起的大一统更加重视边疆地区的治理。元太宗窝阔台就派儿子与吐蕃乌思藏萨迦派首领举行"凉州会谈"。西藏僧俗首领从此降附大蒙古国，西藏正式纳入中原王朝的

故宫养心殿后殿东暖阁匾额

这里是皇帝的寝室，龙床上方悬挂"又日新"匾额，表明弃旧图新的追求。

统治。1264年，忽必烈设置宣政院，将西藏纳入中央政府直接管辖范围内。毫无疑问，由于朝廷采取了多元包容的政策，元朝时期边疆民族与内地的关系较之于汉唐宋更进一层，这就是一种"鼎新"。忽必烈推行汉化政策，崇奉中华主体文明，大都和上都的设计都按照周礼制度建造。1307年，元武宗尊孔子为"大成至圣文宣王"，大都的宫殿中有孔庙的位置；元仁宗恢复了科举制度，从1315年开始，三年一次科考，不曾中断，直至元亡。这就属于"返本"。

明朝继承了元朝的许多制度成果。比如元朝首创的重要地方管理制度行省制，被明清王朝所继承；明朝编修《元史》，使之成为中华民族正史中的一部。当然，明朝也纠正了元朝一些落后的蒙古习俗。明朝尤其重视中华主体文化的加强和弘扬，号称衣冠华夏，在东亚地区有重大影响。

清朝是中华民族共同体形成的重要时期。清朝加强了对包括东北、蒙古、新疆、西藏和西南地区的统治，这是中国历史上首次将这几块区域同时纳入版图，也奠定了现代中国的疆域基础。边疆地区与中原在制度、文化上存在着一定差距，清朝采取了一系列灵活多元的治理措施，既采取"因俗而治"的原则，充分尊重边疆地区的制度和文化基础，又"修教齐政"，巩固了广大边疆地区对中原的政治认同，把"大一统"的内涵拓展到了新的高度。

在中华民族多民族国家的统一进程中，有两个非常突出的特点：不论是胡族还是汉族建立的政权，都追求大一统下的多民族统一，都将通用的语言文字（即汉语汉字）作为主要的官方语言文字，以中华民族的主体文明（即汉武帝时代奠定的汉文化）作为主流文化。这不仅充分证明中华民族多民族统一的共同体意识根深蒂固且十分强烈，而且更清晰地展现了中华文明的突出品格：守正而创新，返本而开新，与时俱进，但不会背离根本。

经历了漫长曲折的19世纪、跌宕起伏的20世纪，到走向"中国式现代化"繁荣发展的21世纪，中华民族闯过了激流险滩，走过了大江大河，克服了一系列重大的危机和挑战，保持了中华文明的绵延与中华民族大家庭的团结，用自己的大国历史实践证明，穷则变，变则通，通则久。"苟日新，日日新，又日新"，依然是我们处变不惊、开创中国式现代化新局面的大智慧。

守正不守旧，尊古不复古

《周易·革卦》有言："大人虎变，君子豹变。"意思是有担当、有理想的君子，都善于和敢于在复杂的形势下突破常规、因时制宜，甚至不惮于违经合道。中国历史上的很多事例都深刻昭示着敢于变

姚崇字元之，陕州硖石人也。中以十举要功下至，日晕相当岁阁亲翰日。余为相如何皆岁。封以公可调枕拊之。相莫忘震爱以成天下之桥璋善中法，以付天下之。正诚说课研六八杜笃无尚明之伯列曰待成唐宇泰之功存乎

革的重要性。唐代的名相姚崇被时人称为"救时之相"，后人论唐之贤相更有"前有房杜，后有姚宋"的说法，姚崇的执政之道即体现了"时变"的智慧。面对开元初期的积弊，姚崇没有回避问题，但也不追求一劳永逸的解决方案，而是以"长亭更短亭"的渐进方式，通过阶段性改革逐步化解危机，为开元盛世创造了条件。姚崇深知，变革需顺势而为，既要解决当下困境，又须为后续更长远的发展创造条件，这种务实与灵活，正是中国传统的"日新"精神的生动写照。

中国传统文化中用"经"和"权"来形容"常"与"变"的差异。《论语·子罕》有言："可与共学，未可与适道；可与适道，未可与立；可与立，未可与权。"学习和坚守"道"，已经很不容易了，但最难得的是"可与权"；正确的行动不仅是依道而行，更难能可贵的是能够通权达变，在重大关头做出迅捷的决断。这种辩证思维，成为

中华文明应对变局的重要方法论。

正如《鬼谷子》中所说的："圣人不朽，时变是守。"只墨守固有的成法、遵照经书上的教条，不能深入现实，把握不住时势的变化和发展规律，就会陷入胶柱鼓瑟的本本主义、教条主义。而正因为始终坚持"守正"与"创新"的辩证统一，中华文明才能实现连绵不断的传承和发展。

近代以来，由于帝国主义的入侵和封建统治的腐败，中华民族遭受了前所未有的苦难，国家蒙辱、人民蒙难、文明蒙尘。1840年以来，为了拯救民族的衰亡，仁人志士向西方国家学习技术、制度和理念，以此为基础形成了不同的救国方案，虽然都取得了一定的成绩，但都没有改变民族危机持续加重的趋势。

俄国十月革命和五四运动的爆发，促进了马克思列宁主义在中国的传播，中国共产党应运而生。中国共产党成立之初，也一度陷入教条主义的泥淖。俄国革命通过占领中心城市来取得全国革命胜利的经验，在很长一段时间内影响着党的早期领导人对中国革命方向的判断。这种对教条的依赖，使得当时的党误认为全国革命高潮即将到来，过度追求攻取大城市或者壮大革命根据地的范围，忽视了反动力量仍然强大的客观事实，低估了保持党的机关和军队的灵活机动、保存革命有生力量的重要性。

1927年大革命失败后，党发起了南昌起义、秋收起义、广州起义和其他许多城市的起义，但因为敌我力量悬殊，这些起义大都失败了。教条主义错误也造成了第五次反围剿斗争的重大挫折，以及长征前期的严重损失。

以毛泽东为代表的中国共产党人，在经历了一系列艰苦卓绝的探索和斗争后，立足中国革命的具体形势，纠正了党内的教条主义、本本主义思想，开辟了工农武装割据的革命道路，坚持了"农村包围城市"的革命战略，完成了马克思主义中国化的第一次飞跃。对于教条主义的危险性，毛泽东进行了深入的思考，他讲道：没有抽象的马克思主义，只有具体的马克思主义。所谓具体的马克思主义，就是通过民族形式的马克思主义，就是把马克思主义应用到中国具体环境的具体斗争中去，而不是抽象地应用它。

通过将马克思主义原理同中国具体实际相结合，党不仅开辟了中国独立自主的革命道路，实现了民族的独立、人民的解放，更以"实事求是"的方法论诠释了"日新"精神的内涵。

迈入新时代，今日之中国，正以"守正不守旧，尊古不复古"的姿态，在各个领域里开辟新路。

"日新"的思想贯穿于古今中国的返本开新之中。当代中国的伟大社会变革，不是简单延续我国历史文化的母版，不是简单套用马克思主义经典作家设想的模板，不是其他国家社会主义实践的再版，也不是国外现代化发展的翻版，它时时刻刻伴随着对教条主义、本本主义的克服与对实事求是的方法论原则的回归和坚守。

西哲理论说：人不能两次踏入同一条河流。大千世界，无时无刻不在变化之中，这是置身其中的人类的共同感悟，并不是中华民族独有的智慧。而中华文明的独特性在于，能够在生活与实践中运用变化的观点看待世界之变、因应世界之变。这就是"日新"。

"日新"是一种学习态度，是一种自觉追求更高精神境界的自我期许，是一种勇于突破、笃志创新的思想意志。"日新"是一种实践

明 游文辉 《利玛窦像》

此作品被认为是中国人绘制的最早的传世油画之一。

智慧、一种积极进取的精神，要求我们在继承中发展、在发展中创新；只有坚持革故鼎新，才能在激烈的竞争中立于不败之地，实现长远的发展。"日新"是一种文化传承的态度，在坚守文明和文化主体性的基础上，吸收外来文明和文化的优秀成果，才有可能始终保持文化的丰富性和多样性，不断融合再生，推动科技创新、思想创新、艺术创新。

当下，世界百年变局加速演进，新一轮科技革命与产业革命深入发展，更需要我们以"日新"的思维和勇气迎接挑战。应始终坚持"守正不守旧，尊古不复古"的态度，立足鲜活丰富的当代中国实践，借鉴人类创造的一切优秀文明成果，在改革中守正出新，不断超越自己；在开放中博采众长，不断完善自己。这就是与时俱进，就是守正创新，就是"日新又新"。

（作者张国刚系清华大学人文学院资深教授）

修身

中国人的精神世界里，『天人合一』是境界追求，

『君子如玉』是人格典范，『信义如山』是立身准则，

『仁善若水』是道德至境。修身立德处，沐千年文

脉星辉而自新，终揽明月入怀，携清风盈袖。

天
人

自然相容，和谐共生

张志强

"人法地，地法天，天法道，道法自然。"天、地、人构成一个
生命整体。人处在万物之间，与万物和谐共生。如何在天地
的不断变化中，把握其变化莫测，为我们不断前行提供动力，
是中华文明的核心关切。

"三才者，天地人；三光者，日月星。"中国古人认为，人生活在
天地之间，为天地之心、万物之灵，与天地共同构成生命现象与意
义之基本因素。天人思想从古至今延绵赓续，在历史中不断丰富自
身的文化内涵，作为中国传统文化的代表性思想，始终流淌于中华
传统文化的长河之中。

天人观念是中国哲学中最核心的理念之一，时至今日仍有着鲜
活的生命力。和谐共生的生态精神，鉴古知今的历史精神，是天人
观念在当下的具体呈现。一言以蔽之，天人关系表明了中华文明的

基本世界观，表达了中华文明关于人在世界中的地位的基本认识。

天地与我并生，万物与我为一

中国古人对于天人关系的思考，发源于商代。那时，人们把天想象成一个至高无上的神，叫作"天帝"或者"帝"。无论是自然的风云雷雨，还是军事征战的成败，抑或是人的祸福和疾病，都由"帝"来主宰。商人则通过占卜与"帝"沟通。在殷墟出土的龟甲、兽骨，就是占卜活动的遗留。商人把要占卜的事情写在这些骨头的正面，并在背面钻孔，放在火上灼烧。骨头受热形成裂纹，透过这些裂纹解读占卜的吉凶祸福。从现在破译的甲骨文字看，诸如战争能否胜利、田地能否丰产这些国家大事，或是身体是否健康、生育是否顺利等私人事务，商人面临的种种问题，无不要向至上的"帝"卜问吉凶祸福。

这时候，人们更愿意把天想象成神，把种种与天相关的行为组

西周　大盂鼎

铭文赞扬了周朝文、武二王的盛德，表示应以祖先为榜样。

织成宗教的仪式。商王作为神的代表，接受神的眷顾与祝福。商纣
王长期大兴土木，穷兵黩武，在他的统治下，商朝出现了严重的危
机，周武王联合各路诸侯起兵反抗。面对这样的情形，在大臣的苦
口劝谏下，殷纣王却口出"我生不有命在天"的狂言。意思是说：我
的命运难道不是由上天决定的吗？可见纣王相信上天会眷顾自己。
这时候，天人之间的关系，还是一家一姓的统治工具，并没有向全
天下人敞开，处在一种尚属独断、蒙昧的原始状态。不过，这种原
始状态，在周取代商的历史革命中被彻底颠覆了。

　　周朝对商朝的取代，深刻地影响了天人关系的思想进程。周人
不再相信"天命眷宠"的论调，转而信从德命论。这种变化非同小

西周 史墙盘

铭文记载了西周七代周王功绩及微氏家族六代史事，其中已将周王称为"天子"。

可，甚至意味着文明的转向。对于周人而言，武王伐纣的成功表明天命并非一成不变。也就是说，纣王所谓的"我生不有命在天"的"天命"是不可信的。既然商纣王被打败了，这就说明天命并不站在他的一边。在周人眼中，他们并不否认天命，而是强调天命的变化无常。天命总在变化，所以是神秘莫测的。既然天命是不断变化的，他们所能够依靠的事物，就是祖先的德行了。

周朝的历史就反映出这种"天德合一"的思想。周成王、周康王继承文王、武王的德业，他们在统治期间讲求以德治国，推行礼乐制度，谨慎地运用刑罚，安顿民生，所以能够维持天命，实现了"成康之治"的盛世。他们的继承人周昭王则好大喜功，德行衰微。为了扩大他的功绩，周昭王亲自率领大军南征，但也因穷兵黩武失去了天命的眷顾，在南方坠入水中，随行的大军也全军覆没。这是周人德命论意义上的天命观。

与商代把天想象成神不同，在周人看来，天是有德性的。因此，天命有否，是要通过德业来证明的。德业并不是自诩的，而需要一种造福天下人的功业来证明。换言之，百姓的幸福与否，决定了有无天命。虽然说天命总在变化，人们不能完全地了解它，但是，通过使百姓安居乐业、社会井然有序的政治事业，人们可以不断证明天命的存在。天下的所有人，都在天的范围之内，因此都被看成是一家人。这种"天下一家"的理念深刻表达了中华文明的政治理想。

效法天德以获得天命眷顾，体现了天人之间的互动关系。而更为成熟的天人感应论的模式，即天人之间通过灾祥相互感应，在先秦时期也已经出现。天人感应论认为上天能够干预人事，人的行为也能感应上天，引发祥瑞或灾异。《尚书·洪范》提到，如果天子行事张狂肆意，那么便会大雨连绵不止；如果天子处理事务出现差错，就会遭遇干旱无雨的天气；如果天子一味贪图享乐、安逸度日，天气便常常酷热难耐；如果天子行事过于急躁，天气就会寒冷彻骨；如果天子处事糊涂不明，狂风就会呼啸不停。天子一旦有了过错，将会影响一年；卿士若有过失，就会影响一个月；官吏要是有了差错，就会影响一天。要是年、月、日都未出现异常变动，各类庄稼都茁壮成长，则说明政治局面清明有序，贤能之士能够得到任用，国家将太平无事。倘若日、月、岁出现异常变化，庄稼难以良好生长，政治会陷入昏暗，贤能之人得不到任用，国家就会陷入混乱。

在汉代，国家统一，君王的权力日益扩大，这就更需要通过天人感应的理论对君王的行为做出约束。天发挥着对君权的裁抑作用，并且时刻监督着政事的施行。政令的实施，政权的更替，都需要天的意志加以强化。无论是王莽改制，篡夺汉室天下，还是刘秀复兴汉室，建立东汉政权，这些政权的更替都不是任意妄为，而要依靠"天"的意志来证明自己的合法性，这就体现出了天人感应特殊的约束力。

天以其仁爱之心，庇佑万物生长，因此，也必然要求君主展现出无尽的仁德，以庇佑万民。汉武帝在推行仁政之后，地方的负担有所减轻，百姓的生活日渐富足，祥瑞就频频出现。据史书记载，诸如凤凰、麒麟这样的瑞兽，或是灵芝之类的仙草，总是不断在各地现身。这就从正面的意义促使统治者推行有利于百姓的政策，使得天的仁德能够遍及国家的每一个角落。

但是，如果君主不能展现出应有的仁德，天也会一改和善的面目，用灾害或者异象来加以警示。董仲舒说："凡灾异之本，尽生于国家之失。国家之失，乃始萌芽，而天出灾害以谴告之。"当国家出现失误，哪怕只是初现端倪，天都会通过自然灾害等形式发出谴告，旱灾可能预示着国家在施政方面存在某些不利于民生的决策，洪水可能预示着为政者在处理政务时出现了偏差。汉武帝时期，曾经多次发生地震、旱灾等自然灾害，董仲舒就根据谴告论来劝诫汉武帝，促使汉武帝尽快改变政策，减轻百姓的负担。上天最看重的是百姓的福祉，而非君王的伟业。

这样一来，天人观念当中的民本价值就进一步深化和明确化了，"天人一家"的理想也更为显豁地表达出来。天人关系的形成、发展与完善，深刻地传达了中国政治文明的制度精神。

汉 马王堆 T 形帛画

画面分为天界、人间、地下三个部分，反映了天地人三位一体的宇宙观。

天理人欲

天人关系蕴含的智慧早已渗透于我们的日常生活当中。当我们看到穷凶极恶的恶徒，或是遇到严重违反伦理道德的事情，我们会用"天理难容"表达不满。当正义最终得到伸张，一件事情终于迎来了公正的结果，我们会用"天理昭彰"表明正义终归战胜邪恶。而当公平得不到保证，或是遭受了不当的冤枉，我们则会发出"天理何在"的感叹。天人关系中的"天理"，早已成为我们的文化与生活中的一个有机组成部分。

"天理"包罗的内容非常广泛。宇宙的法则，人性的本质，这些高深的概念，自然是"天理"的关键。至于口渴了想去喝水，饥饿了想要吃饭，寒冷了想要穿衣，这些我们平日生活中最基本的需要，同样是天理的内容。可以说，"天理"一词并非与我们相隔甚远，而是无时无刻不伴随在我们身边。

北宋的大哲学家张载首先提出了"天人合一"的说法，用来论述我们与天理的关系。他提到，"儒者则因明致诚，因诚致明，故天人合一，致学而可以成圣，得天而未始遗人"，也就是说，天和人，并不是分隔的。人能够通过修身养性的方法来体会天的道理。《诗经》说，人诞生于天的运行当中，因此当然会具有天所赋予的原则。《中庸》讲，我们所具有的人性，其实就是天的原则。这个原则在天称作命，在人则叫作性。这就意味着，所谓"天理"，其实就在我们每个人心中，只是我们并没有充分意识到我们自身的道德潜力，或是被"人欲"所蒙蔽，自己蕴含的力量没有被充分发挥。

所谓的"人欲"，一般指过分的欲望。像是过度地追求个人的利益，贪图享受，所作所为不符合道德，都是"人欲"在作祟。在"天理"与"人欲"之间，往往只有一线之隔。因为口渴而喝水、饥饿而吃饭是天理，但过分地追求饮食的享受，或是因为美酒而贪杯，对天理的遵从就成了对人欲的妥协。所谓的"存天理，去人欲"，并不是抑制人们的一切欲望，而是要克制这些过分的欲求，使自己能够认识自己本来的需要，进而在天地的运行之中与天地和谐共生，既不因自己的贪念而破坏天地自然，也不因道德的过度约束而压抑自己的正常欲求，这就是实现天理、去除人欲的方式。

所以说，通过不断地自我修行，提升自己的境界，认识自己的本性，人们能够"尽心知性以知天"，充分地体察内心，透彻地认识人性，最终达致天人合德的境界。这样一来，天理论就把"天人合一"所反映的政治智慧，转换为一种适用于每个人的修养功夫，并融入我们日常生活的每一个角落。

理学家们常用鱼与水的关系来比喻天与人的关系。鱼在游动中，当然离不开水。人在生活中，自然也离不开天理。鱼并不知道自己生活在水中，只有出水的那一刻，才知道自己不能离开水而活动。这个比喻，充分说明了人不能离开天理而活。在此基础上，理学家们提出，人们通过对自身的认识与修行，能够把握天的原理，乃至成为"圣人"。

历史上修身成圣、把握天理的说法，不断激励着中华民族的每一位成员克服缺点，改善不足，努力进步。宋儒程颐说，"天理二字却是自家体贴出来"，将天人合德的道理普遍化为"圣人可知可及"的成圣理想。王阳明用成色、斤两来说明人有能普遍成圣的可能。谈论圣人，就像谈论精金一样。金的成色够足，就能够叫作精金。

人能够做到同天理一体，就能叫作圣人。不能因为金的分量有差别，就嫌弃它斤两不够，算不上精金；相应地，不能因为人的才能大小有差异，就否认人能够成圣。所以他说，"尧舜人人学可齐"。毛泽东更是在诗中吟咏"春风杨柳万千条，六亿神州尽舜尧"，把奋进向上的革命精神与天理人欲反映出的圣人意志相结合，表达对国对民的热切期待。正是在"天理""人欲"的对反中，我们不断地历经自我反思，修身克制，才成就了中华民族历史上的种种伟大事业。

正如鲁迅先生所言，"无穷的远方，无数的人们，都与我有关"，天理把人与人紧密联系在一起，发挥了"天人关系"理论中"修身成圣"的一面。不过，天理与人欲仍然没有穷尽天人关系的内涵。面对变化莫测的"天道"，思想家们更是开辟了天人关系的新境界，进一步打开了思想与实践的可能性。

天人合一

当我们谈论天理的时候，总会把"天"抽象成某种固定原理或是概念。但是，天总在不断地运行着，又很难抽象成某个确定的概念。我们在日常生活当中就体会得到：树木不停生长着，冒出新的枝芽；水流不断流动着，一刻不会停歇；风云不断蕴荡着，气象不停地变化。把这些时刻不停歇的事物概括成某个具体的概念，并不是一件易事。也就是说，某个固定的"天理"，并不能说明我们所处的活泼的世界。天理人欲的对质还不能说明天人关系的全部内涵，而"天人合一"的精神，则进一步揭示了天人关系蕴含的精神境界。

天的观念的产生，应当是从事农业生产的先民们仰观天象的产

明 玉 "天地人" 三连环

此三连环结构精巧，铺平时像一个圆璧，里环有太阳、星辰与云气纹样，象征天；
中环龙纹代表人间帝王；外环是山岳与海波图像，象征大地。
三环可以展开，以卡榫相连，形成一个球体，类似浑天仪。

新石器时代 大汶口文化刻符灰陶尊

陶尊上方刻有日出山岗图案。

物。早在距今5000多年的仰韶遗址中，就有了象征太阳形象的图形；山东出土的灰陶尊中，画有日出于山岗之上的图案。先民在农业生产过程中察识天地变化，总结出节气变化的特征，体会到天地运行的节律。四季总按照固定的顺序轮换，时节总在应当变化的时候变化，天不会预告将要发生什么，只是默默地按自身的节律不断运行。"不言而信"成为先民们最为直接认识到的"天德"。

孔子说，天是不言而教的，天的不言之教就体现在"四时行焉，百物生焉"。像是北雁南飞，春暖花开，都是时行物生的具体呈现。天不会告诫我们，只是默默地教化。面对天的教化，我们只能运用自身的智慧、洞察自身的心灵来了解自身，适应天的变化。用农业的例子来说，天并不会告诉我们何时最适宜播种，庄稼何时适宜生长，何时能够丰产收获。我们运用自身的经验与智慧，在不同的区域因地制宜，使得作物得以生长，粮食能够丰收，生活得以富足。我们的先民并未改变自然的节律，而是在顺应自然的基础上运用自身智慧，形成了"二十四节气"的独特文明遗产。

孟子则把这种智慧提升到了天人相应的哲学高度。孟子指出，天的不言之教，其目的就是启发人自觉地探索世界和运用自身的智慧。所以说，天的不言之教，根本上是人的自觉之教。

不过，天总是时时刻刻地变化着，而且这种变化并不都是积极的。天有放晴的时候，自然也有阴霾的时候；风有和煦的时候，自然也有猛烈的时候；雨有淅沥的时候，自然也有滂沱的时候，而这些并不是我们所能完全把握的。这就要求我们在一种更高的境界与天道合一，而不是把天看成某些固定的道理，从而陷入教条主义。

如果我们将"天理"始终看成某种确定的东西，就容易落入一种"择善固执"的境地，进而陷入某种教条之中。而真正掌握了天人合一之道的圣人，则能够达到更高的境界，时时刻刻都能从容不迫地与天道为一，在世事的各种变化中做出正确的行为。

章学诚有一个说法，叫"随时撰述以究大道"，即无论面对怎样的时势变化，都能够在顺应的基础上找到合适的方式，来制定政策，化解危机。这不仅是古代先贤圣哲所遵从的原理，也贯彻到今天的政治实践当中。中国共产党的百年历史，充分说明了实事求是的重要意义。在长期实践的过程中，实事求是的精神一次又一次地指导中国共产党战胜各种艰难困苦，在面对压迫时带领中华民族走向独立和解放；在面临教条时拨乱反正，开启改革开放的新进程；在需要发展时砥砺奋进，为民族复兴伟业书写新篇章。面对不言的天道，需要一种虚心实照的实事求是精神，才能做到"不勉而中，不思而得"。让天道自身从容展现于政治实践之中，才是"天人合一"的深邃智慧。

道法自然

中国传统的天人观念，并未湮没在历史的长河之中。恰恰相反，时至今日，天人观念仍有着惊人的生命力，在我们与自然相处的过程中持续焕发出新的生机。中国先贤提出的"道法自然"的哲学思想，蕴含了尊重自然、顺应自然、保护自然的重要理念，成为解决当下环境问题，实现人与自然和谐共生的思想源泉。

在中国传统文化经典《道德经》中，就已经有了对于人与自然关系的明确思考。所谓"人法地，地法天，天法道，道法自然"，人与自然的关系，并不是改变自然、征服自然，而是尝试着效法自然、观察自然，在社会的建设中，学习自然带来的生态智慧。

庄子更是将道家对于自然的态度进一步阐发为"天地人和"的理念。所谓"天地人和"，关键正在于一个"和"字。自然界并不是一个死寂僵化的存在，而是天地之间阴阳二气互相交感、不断化生的过程。也就是说，天、地、人首先构成一个生命整体。在这个整体当中，人处在万物之间，并不是什么超出万物的特殊存在，而是与

万物和谐共生的组成部分。人类并不是自然的主宰者，而是与天地相"和"的存在，作为天地间整体生命的一员，与生命共同体中的每个部分平等共处。这一理念在后世被不断发扬，在中国的历史传统中形成了特殊的生态发展模式。

据历史记载，早在商周时期，周文王就颁布了《伐崇令》，规定不要毁坏房屋、填埋井水、砍伐树木、毁伤牲畜，务必使人能够顺应自然，保护人们所在的环境。而秦代的《田律》、唐代的《唐律》，都有着保护人们生活环境的相关禁令。可以说，中国古代很早就将人与自然和谐共处的天人理念，转化为实实在在的政治律令，充分地显示出中华文明在生态发展上独特的价值追求。

而中华民族长久以来的农业生产实践，同样展现出人与自然和谐共处的生态理念。传统中国的重要农书《齐民要术》与科技著作《天工开物》，大量记载了劳动人民在农业生产过程中所形成的生产智慧。像是顺应各地不同环境与不同气候、水文条件而形成的农业

北宋 王希孟 《千里江山图》局部

山脚下，一座大型水磨拦坝而建，利用水流的冲力，带动水磨旋转工作。

轮作、间作等循环生产模式，以及利用草木灰、动物骨灰、绿肥、厩肥等生物肥料模式。又如因势利导兴建灌溉渠道、水坝等工程，无不巧妙地利用了自然的动力，在人与自然和谐共生的前提下，逐步提升了农业生产的效率，使得生产活动能够更好地造福一方百姓。

同时，所谓"顺应自然"，并非靠天吃饭，而是在充分尊重与理解自然的基础之上，在技术的创新中实现人与自然的共同发展，进而更充分地展现人与自然在生命意义上的和谐共存。《天工开物》延续了"道法自然""天地人和"的思想，强调"天工""人工"相协调的思想，提出在顺应自然的基础上进行技术革新。

而在当代的生态文明建设中，"道法自然""天地人和"被赋予了新的实践内涵。当下，人类社会正站在何去何从的历史关口。在全球化日益发展的形势之下，气候变化、能源安全、可持续发展等问题，越来越成为全球所共同关注的议题。仅凭技术的不断自我革新，还远远不足以解决这些问题。如何更好地引导技术，思考技术与自然的关系，成为当下的关键议题。中国传统的"道法自然"理念，给出了理解技术与自然的新见解。

中国古代哲人对于人与自然关系的思考，突破了西方生态话语体系中"主客二分"的传统，将人与自然的关系视作一个辩证统一的整体，深刻阐明了人与自然的关系。今天已深入人心的重要论断，诸如"山水林田湖草是生命共同体""绿水青山就是金山银山""地球生命共同体"等，也蕴含着中华民族传承几千年的天人观念的独特智慧。

首先，天人观念将自然视作一个有机运行的整体，这就是所谓"生命共同体"的基本意识；其次，人在自然这一生命共同体之中成长，人的发展，就是自然生命共同体的发展。代表人们生产、创造的"金山银山"，正是在生命共同体的意义上，等同于自然界的"绿水青山"。不仅如此，我们生活在地球上的每一个个体，无疑都在自然的包罗之下，或者说，生命共同体从不排斥某一个特殊的生命，我们每个人都与自然息息相关。对于生态的保护，从来不是一人、一家、一国就可以完成的工作，而是整个人类所要面临的共同事业。只有人与人、家与家、国与国之间通力合作，才能够有效地建设地球生命共同体，形成解决全球生态与环境问题的合理路径。这种将人与自然视为相生相契的独特命运共同体的独特范式，与西方工业文明"征服自然"的思维形成了鲜明的对照，为破解现代生态危机提供了属于东方的特殊智慧。

通古今以究天人

如何在天地的不断变化中，把握它的变化莫测，为我们不断前行提供动力，是中华文明的核心关切。这一关切使得中华文明尝试在不断变化的历史中超越自身，形成了中华文明"通古今以究天人"的历史超越性特质。

司马迁用"究天人之际，通古今之变，成一家之言"刻画《史记》的撰述事业，所谓"通古今之变"，并不只是了解古代与今天的不同，探索历史上发生的变化。关键在于"通"，也就是在不断变化的历史当中，将古今贯通起来。就像唐太宗感叹的那样，"以史为镜，可以知兴替"，从前发生的事情，能够成为我们解决当下问题的借鉴，能够作为应对未来新问题的向导。通过对历史的思索，我们不仅能够知道从前的事情怎样发生，也能够更好地处理当下乃至未来的问题。

历史的事迹之所以能够影响到现在的生活，正因为"天人合一"的精神。历史的变化，总是在天道运行的大背景下。古人头顶的天空与脚下的土地，也正是我们今天头顶的天空与脚下的土地。我们

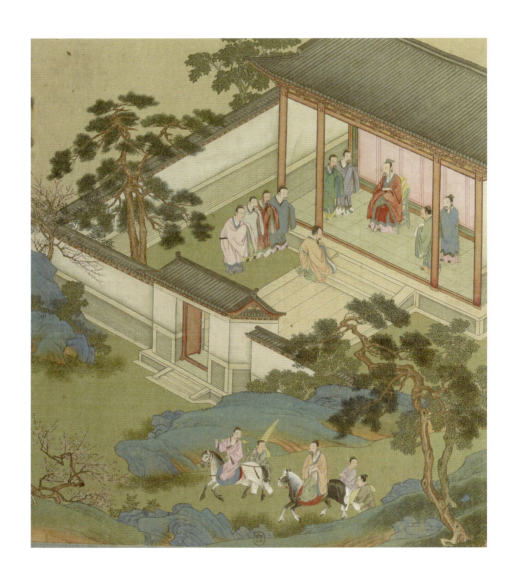

明 《帝鉴图说》之任贤图治

《帝鉴图说》是明朝内阁首辅、大学士张居正主持编撰给小皇帝朱翊钧（万历皇帝）的教材，
此书选取历代帝王典故，以图文结合形式阐述治国之道与为君之德。

清 豆青地粉彩鱼藻纹盖碗

盖碗又称三才碗，由盖、托、碗三部分组成，
分别象征天、地、人。

的各种活动，都没有超出天地的范围，当然也要遵循天地运行的道理。另一方面，既然人们的活动也是天地运行的一部分，这就说明天地运行的道理就在人事当中。也就是说，人能够通过了解自身来明确天道。换言之，天是大写的人，人是小写的天。在天人之际的视野中，古今变化不再是过去的陈迹，而具有了改变现实的生机与活力。因此，历史也就超越了它所处的过去，能够影响到我们所在的当下世界。

在历史当中实现"天人合一"，需要通过人我之间的旁通来实现。所谓旁通，就是以孔子提倡的"忠恕之道"感通彼此，贯通古今。钱穆先生说，需要对历史抱有一种温情与敬意，就是这个含义。当我们翻开历史的书页时，我们不会站在现在的立场对过去冷嘲热讽，也不应当对古人的过失严加批判，而是应当设身处地地站在历史的场景中，思考古人为何这样行动，试图去理解他们的做法。只有做到这样，我们对古人的理解才能够通达到现在，而我们对现在的理解，同时能面向未来而敞开：以尽己之忠创制实践，从而致广大而尽精微，实现天人之间和谐共生的境界。

在天与人之间，有一种相贯通的能力。我们都生活在天地之中，共同参与天地的运行，具有天赋的共同性。这是天人之间相互贯通的根据，也是天人之际、人我之间可以相互感应的条件。人们能够通过修身养性、顺应天道来提升自身境界。正是因为人具备天最基本的特点，所以才能实现对天的理解和把握，才能实现天人之间的交感作用。

作为贯通天人的性，是天所赋予的德性。天既赋予了我们认识自身的能力，同时也给了我们在生活中的分寸与限制：我们需要遵循天地默然的运行，正如按时令播种，依地势筑城一般，顺应天地的德性，实现人事的不断前进。既在个人的生命中顺应天地的生生之德，不断提升修养，砥砺奋进，更能同天地精神相往来，实现天地规模的事业与境界。这就是天人合一向我们展示的气魄与力量。

（作者张志强系中国社会科学院哲学研究所所长、研究员）

君子

诚正修身，幽兰自芳

王学典

丰富的君子品质塑造了中国人积极的心态和顽强的韧性，形成了中国的"士君子"性格和形象的基石。君子以此修身，则如松柏般挺立风雨，如玉璧般温润有光。

在华夏文明浩瀚的历史长河中，虽不乏丰功伟绩的帝王将相，亦多见才能卓越的英雄人物，却没有哪一类人，能像"君子"这样集中代表中华民族最深刻的道德理想与人格追求。

2000多年前，孔子被困于陈蔡之间，一时粮绝，随行人皆饥病交加、深感绝望，孔子却泰然处之，依旧讲诵弦歌不衰，他教导弟子，君子即便身处困境当中，也要坚持自己的操守，子曰："君子固穷。"君子者，当如孔子。1898年，积极推动维新变法的谭嗣同、康广仁、林旭、杨深秀、杨锐、刘光第六位志士惨遭清政府杀害，史称

"戊戌六君子"，谭嗣同在被捕入狱时，写下了名句："我自横刀向天笑，去留肝胆两昆仑。"为理想与大义慨然赴死。君子者，当如"戊戌六君子"。可以说，从先秦时期诸子百家的思想争鸣，到历朝历代仁人志士的躬身实践，君子之迹，广见于华夏历史的每一册页；君子之道，是所有中国人渴望追及的理想人格。时至今日，神州大地的每一角落依旧多有君子的身影，君子，仍活跃于社会的各行各业。

君子凝练了华夏民族独特的性格与气质，几可说，深刻理解君子文化，即能理解五千年来中华文化的主流脉络，也即能理解中华文化本身。

从历史深处走来的君子

中华文化中的君子从何而来呢？"君子"一词，古已有之，早在先秦时期，便多见于典籍。君子，最初用以指代身份高贵的贵族阶层，强调的是血缘身份与政治阶层。《尚书》中"君子所其无逸"之"君子"即指周成王，这里的"君子"一词类似于"王子""公孙""士大夫"等政治身份称谓。因而"君子"也常与表示政治身份的"士大夫"一词连用，称为"士君子"。在《诗经》中，"君子"常被用来指称贵族男子，如《诗经·卫风·淇奥》中"有匪君子，如切如磋，如琢如磨"，《诗经·邶风·雄雉》中"百尔君子，不知德行"。在这一时期，君子概念主要侧重于身份属性，尚未形成完整的道德内涵。

真正赋予"君子"深刻道德意涵的是孔子。他将君子从贵族阶层的专属称谓，转化为具有普遍意义的道德理想人格。《论语》中对君子的论述达百余次之多，足以让人们看到儒家学派对君子人格的重视。孔子提出"君子怀德，小人怀土；君子怀刑，小人怀惠"，强调君子应以道德为立身之本；"君子喻于义，小人喻于利"，明确了君子与小人在价值取向上的本质区别；"君子坦荡荡，小人长戚戚"，揭示了君子光明磊落的精神境界。

儒家学派的孟子进一步发展了孔子的"君子"学说，提出"富贵不能淫，贫贱不能移，威武不能屈"的"大丈夫"人格理想，树立了君子顶天立地的高大形象，将君子的精神品格提升到更高境界。荀子则从人性论出发，强调通过后天的学习与修养，人人皆可成为君子："涂之人皆可以为禹"。至此，君子不再是少数贵族的专属，而通过儒家学派寄托"仁者"理想的理论再造，成为一种人人皆可追求的人格范式。

我们可以这样说，人类天然具有各种各样的性格和品质，有一些人，天然就具备君子那样的品格，而当以孔孟为代表的先秦思想家确定了君子的基本道德人格，赋予了君子仁、义、礼、智、信的"五常"内涵，包括内省修身、自强不息、立己立人、和而不同、温柔敦厚、宽容博大等价值品性，更提出了君子自我塑造、自我期许的基本路径后，君子的形象、君子文化便在华夏文化中发扬光大，留之后世，成为历代社会各阶层人民共同尊敬、向往的模范人格。

君子人格本质上是一种德性伦理，是一种内在伦理。这种内在伦理经过扩充和发展，建构了一整套道德规范和行为规范，进而指导着君子在面对个人、家庭、社会、国家等不同维度时的理想行为。因而君子的修身实际上是一个从内心不断扩充、不断推己及人的过程，是一个贯通内与外两大境界的道德实践。同时，强调"君子有三畏：畏天命，畏大人，畏圣人之言"，奠定了中华民族敬畏自然规

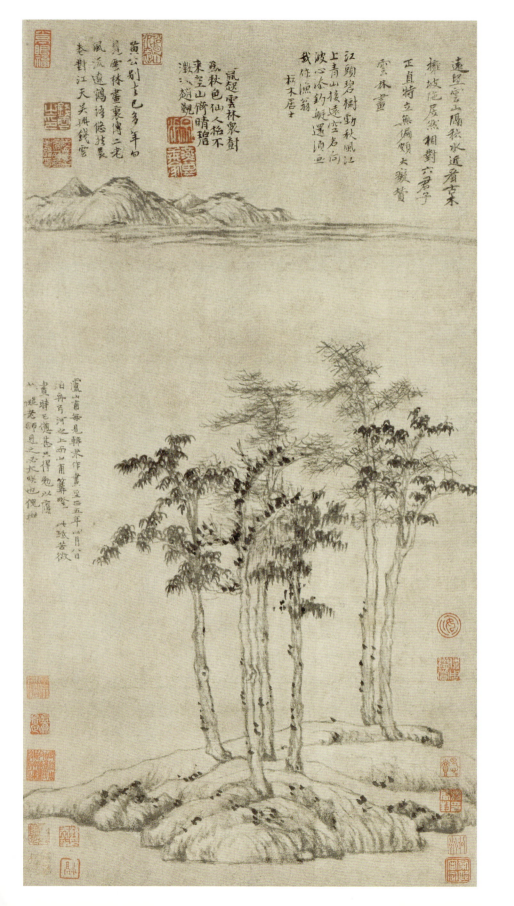

律、敬重父母师长、传承民族思想结晶的民族性格；强调"诚正修身""礼信待人""忠义治国"，塑造了中华民族自强不息、坚守道义、肩负使命的基本品德。可以说，君子人格标准，全面塑造了中华民族的文化传统与民族精神。

温其如玉：文化传统中的君子形象

在国家博物馆的"古代中国"展厅，静卧着一条来自5000多年前红山文化的"C"形玉龙。玉龙由坚硬的岫岩玉雕琢而成，蜷曲如环，通体墨绿，质地坚硬而温润。远古先民以玉为灵，琢玉成器，用以事神、通灵、明礼。

相传，秦始皇统一六国后，命李斯将和氏璧制成传国玉玺，上篆"受命于天，既寿永昌"，象征天授皇权、国运永昌。这块玉玺从此成为历代帝王正统的象征，也因此卷入了无数的纷争，几度易手，终湮没于历史烟云，成为千古之谜。

2008年的北京奥运会，"金镶玉"奖牌惊艳世界。取玉璧之形，把昆仑玉镶嵌到奖牌当中，金牌镶白玉，银牌镶青白玉，铜牌镶青玉，三色玉与金银铜相映生辉，东方玉魂与奥林匹克精神完美融合。

中国人何以对玉情有独钟？答案藏在玉与君子之德的深刻共鸣

2008 年北京奥运会奖牌

中。古人爱玉，不仅因为它温润光滑、坚硬耐久，更因为它象征着理想的君子人格。《诗经·卫风·淇奥》中描画的"温其如玉"的君子形象，威仪而有光辉，庄严却不失宽厚，有张有弛，还会合宜适度的幽默戏谑。《礼记》记载孔子用玉来比喻君子的多种美德：玉的温润象征宽厚之仁，玉的细腻象征深思之智，玉的棱角象征刚直之义，玉的垂坠象征端庄之礼，玉有瑕疵却不掩其美，正好似君子坦荡荡。一块璞玉，需要经过切、磋、琢、磨而后成为美器；一位君子，也需要经过克己修身、砺志践履方能成就人格。

"言念君子，温其如玉"，古人以玉温润平和的质地比喻君子。文学传统中又称梅、兰、竹、菊为花中四君子，中国传统文人欣赏它们坚韧不拔、淡泊名利、谦虚有节、傲霜隐逸的品格，因而将它们视为君子的象征。孔子盛赞隐谷香兰"当为王者香"。芝兰生于深林，不以无人而不芳；君子修道立德，不谓穷困而改节。兰恰如"人不知而不愠"的君子。郑板桥曾有名联"虚心竹有低头叶，傲骨梅无仰面花"，有气节但是谦逊，有傲骨却不傲气凌人，这在中国传统文人看来是君子应该具备的品质。

关于君子的风度形象应如何，在先秦时期就有系统的论述，此即《尚书》所载的"九德"——"宽而栗、柔而立、愿而恭、乱而敬、

扰而毅、直而温、简而廉、刚而塞、强而义"，君子应该性情宽宏同时又庄重，性格柔和同时又能立事，办事待人谨慎同时又恭顺有礼，才能高于别人同时又能心敬，能安顺自己和他人同时又坚毅，行为正直同时又能态度温和，志向高远同时又能注重细节，性格刚正同时又能内心充实，不屈不挠同时又能使行为合于道义。

在上述德性之间处以"中庸"，自我养成这样的君子人格，才可以任事，才能够扮演好君子应当承担的社会角色。君子人格是在有气节和虚心、有傲骨和无傲气之间"致中和"的修身追求。

唐代名臣魏徵就曾以"九德"劝谏唐太宗李世民，他在《谏太宗十思疏》中写到，君王若能以"九德"修身，则天下可治。魏徵的谏言，不仅是对唐太宗的规劝，更是对君子人格的深刻诠释。这种"致中和"的追求，既是对个人修养的锤炼，也是对家国天下的责任担当。君子涵养"九德"、正心修身的目的是处世有为、积极进取。

丰富的君子品质塑造了中国人积极的心态和顽强的韧性，形成了中国的"士君子"性格和形象的基石，并在历史长河中不断传承

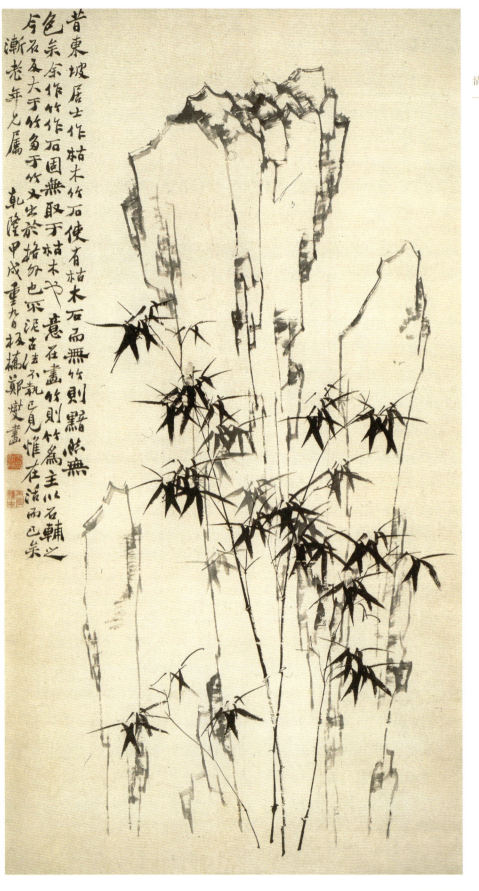

昔東坡居士作枯木竹石使有枯木石而無竹則黯然無色矣余作竹作石固無取于枯木也意在畫竹則竹為主以石輔之今石反大于竹又出於枯外也不泥古法不執己見惟在活而已矣漸老年光屬

乾隆甲戌重九日板橋鄭燮畫

清 鄭板橋 《竹石图》

创新、兼收并蓄、发展壮大。君子以此修身，则如松柏般挺立风雨，如玉璧般温润有光。

诚正修身：君子人格的涵养

我们在谈及君子时，温润如玉、彬彬有礼、温柔敦厚等形容词便浮现在脑海中，这些词虽然描绘了君子在大众心中的一般形象，却远未抓住君子的核心本质。在我国历史上，从不乏一些特立独行的张扬人物，如服芳佩草、游吟于江畔的屈原，如豪迈恣肆、露才扬己的苏东坡等，他们在历朝历代的人民大众中受到广泛的喜爱与推崇，人人称其为君子。这些人物，虽然其行为或不同于儒家所推崇的中庸之道，但在其天才式的锋芒背后，是一颗对民众、对家国天下的拳拳赤诚之心，当然无改其君子的本质。

君子人格的核心品质应当是"仁"。孔子有云："君子去仁，恶乎成名？君子无终食之间违仁，造次必于是，颠沛必于是。"这句话是说，如果君子去掉了仁爱之心，怎么还能算君子？君子时刻不会违反仁道，紧急时如此，颠沛时必定如此。可知孔子将仁爱视为君子人格的内在和根本特征。君子以仁爱之心对待他人，推己及人，将心比心。这种仁爱之心不是狭隘的私情私欲，而是对天下苍生的悲悯与关怀，它应当超越血缘、种族，超越民族、国家，甚至超越敌我、意识形态，是对人类乃至一切生命的同情心。孟子"老吾老以及人之老，幼吾幼以及人之幼"的理想，范仲淹"先天下之忧而忧，后天下之乐而乐"的情怀，张载"为天地立心，为生民立命"的担当，正是君子仁心的反复写照。君子不仅心怀仁爱，更以实际行动践行

仁德，他们扶危济困，匡扶正义，是最伟大的古典人道主义者。中国文化传统所畅想的"天下大同"概念，正是君子仁心推而及之的最终形态。

如果说"仁"是君子的本质与内里，那么"礼"则是君子人格的外显或外在行为的规范。孟子云："君子以仁存心，以礼存心。仁者爱人，有礼者敬人。"意思是君子要培育仁之心，培育礼之心；有仁心的君子能够爱别人，有礼的君子能够尊重别人。君子注重礼仪，举手投足间尽显风度与涵养。从日常的待人接物，到重大的祭祀典礼，君子都严格遵循礼仪规范，做到言行得体，举止端庄。这种对礼仪的尊崇，绝不是有闲阶级对仪表、态度矫揉造作的孜孜以求，而是对他人的尊重和对社会道德秩序的维护。

君子以仁立心，以礼立世，在仁和礼的基础上，古人还赋予了君子多维立体的性格。如儒家所谓君子"五常"还有义、智、信三种：孔子强调"君子义以为上"，认为义是判断是非善恶的根本标准。当义与利发生冲突时，君子毫不犹豫地选择道义："不义而富且贵，于我如浮云。"这种价值取向在历史上产生了深远影响，关羽"过五关斩六将"的忠义之举，文天祥"留取丹心照汗青"的气节操守，都体现了君子对道义的执着坚守。

明 王守仁 《致伯显札》

此札为王守仁写给其弟王守文（字伯显），劝其一同入山读书悟道、完养精神。

君子还需具备渊博的学识。孔子主张"君子不器"，认为君子不应局限于某一方面的才能，而应全面发展。君子通过"博学于文，约之以礼"的学习方式，不断提升自己的知识素养与思维能力。王阳明"知行合一"的思想，强调将学识与实践相结合，体现了君子学以致用的精神追求。

"人而无信，不知其可也"，诚信是君子立身之本。君子言必信，行必果，他们的诚信不仅是个人品德的体现，更是社会交往的基石。曾子杀猪教子的故事，季札挂剑践诺的典故，都展现了君子对诚信的坚守。

"天行健，君子以自强不息；地势坤，君子以厚德载物。"天地恒久，而君子立于天地之间无愧于俯仰，《易传》中即以"自强不息""厚德载物"作为对君子品格的概括，同时亦表达了对君子之行的要求和期许。君子人格，实际上是一个有高尚追求的人对自己生命境界的要求，君子人格的形成首先要经过自我反思、自我约束，进而实现自我提升，于是一切的始发点便是个人主观能动的自我修养。君子人格不需要外来的规范、强制的力量进行限制，而是从一个人的心内生发出一种力量、一种精神来重塑自己的人生境界。儒家学派明确提出在传统社会中"自天子以至于庶人，一是皆以修身为本"的著名判断，《论语》说"君子求诸己"，《中庸》称"君子慎其独"，也就是强调要通过自律、慎独、自强，形成一种自觉的君子人格。

儒家学派在先秦时代就已经提出体系化的君子人格的自我养成途径，汉代以后又经过了不断的理论完善和实践探索。孔子在培育自己的儿子孔鲤时，明确表达了"言"与"立"，即应答与处事的修身要求。《论语·季氏》记载，有一天，孔子在正堂，孔鲤在庭下走过，孔子就问孔鲤："学'诗'了吗？"回答没有，孔子说："不学'诗'，无以言。"于是孔鲤去学"诗"。有一天，孔子又问孔鲤："学'礼'了吗？"回答没有。孔子说："不学'礼'，无以立。"于是孔鲤去学礼。孔子所说的"言"与"立"，就是宋代儒家所谓在"入小学"阶段的"洒扫、应对、进退之节"。在《大学》经典升格之后，"言"与"立"的要求进一步发展到"诚"与"正"的规范。《大学》所规定的"诚意""正心"几乎成为君子修身的必要途径，即宋代儒家所谓"教人之法"、入德之门。也就是说，君子要通过"诚意""正心"的途径完成"修身"的基本目的，即"修身在正其心"。

那么，什么是"诚意""正心"呢？

"诚意"就是孔子所主张的"内省不疚"。荀子认为，"君子养心莫善于诚"，诚是正心最好的方式。诚是什么呢？儒家主张"诚"就是要问心无愧，要心安，要不自欺。诚是一种内心的状态，是"君子坦荡荡"。正是因为达到了"内省不疚"的境界，所以心境能够广大宽平，进而身心舒泰。只有诚的君子，才敢于像《菜根谭》中说的那样，"君子之心事，天青日白，不可使人不知"，将自己的赤诚之心毫无保留地展现给他人。

通过"诚意"确保"此心常存"，进而能够理正心性、实现修身。君子的内在心理世界，应该是"仁者不忧，知者不惑，勇者不惧"的状态，同时，"君子所性，仁义礼智根于心"。也就是说，以"诚"作为基础，以"仁义礼智勇"充盈内心，进而靠内心的提升，发现自己的善念，发扬自己的德性，然后葆有之，光大之，使之开花结果，这是君子人格养成的基本途径。君子所应具有的孝悌、忠信、礼义、廉耻等，皆能够由此培育出来。因而，中国先贤主张君子诚正修身，就是设想以道德人格完善的君子为生发点，不断推己及人、及家族、及朋友、及国人，进而塑造出理想的文明与秩序。

中华文化中的君子

关于君子，还有一个必须回答的问题，是什么塑造了华夏历史中这种独特的人格追求？生物学家或者将其归于基因遗传，地理学家或者将其归于地理气候，历史学家或者将其归于华夏文明以农业为主的生产方式。我以为，以上解释都不恰当：我国幅员辽阔，人口众多，地理的辽阔决定了各地区环境气候、生产方式的不同，人口广泛分布于各地区使得我国拥有多种多样的民族与地方文化，难以解释我国民众对君子有这样超越身份、超越时代的追求。既然君子是文化的产物，还是要去文化中寻找答案。

文化并非沉默于集体无意识深处、仅能被动继承的思想遗产，文化的演进轨迹处处彰显着人类主动选择与塑造的力量。纵观华夏文明长卷，佛教东渐时与儒道思想的深度交融，外邦节日习俗落地生根后与本土文化的有机结合，皆为文化可被主动获取与创新的生

明 青花岁寒三友图碗

松树四季常青，竹子劲挺有节，梅花傲霜耐雪，合称"岁寒三友"，
也是中国人的君子情怀寄寓。

动注脚。这种文化生命力的展现，印证着文化作为人类认知结晶的本质——它始终在与政治权力、社会思潮的互动中角力生长，其发展方向既受时代环境影响，更可通过有意识的引导实现重塑。

中国人对君子的推崇正是文化的引导与塑造之功。自汉代"罢黜百家，独尊儒术"起，儒家思想从百家争鸣中脱颖而出，逐渐成为维系社会秩序的精神支柱。至唐宋时期，政治家们创造性地构建起以儒家经典为核心的科举制度，不仅打破了阶层壁垒，更为儒家文化的传播搭建了制度桥梁。通过科举考试，君子"修身齐家治国平天下"的理想追求、"仁义礼智信"的价值体系，从庙堂之上走入市井之间，与普通民众的人生追求深度绑定。君子文化由此突破精英圈层的局限，如春雨般浸润乡土社会的肌理，使得费孝通笔下那个基

于血缘与地缘的传统小农社会，开始接受君子文化滋养，逐步汇入中华民族文化的主流脉络。如儒家经典《礼记·大学》中强调"物格而后知至，知至而后意诚，意诚而后心正，心正而后身修，身修而后家齐，家齐而后国治，国治而后天下平"。至宋时，《大学》升格为"四书"之一，"格致诚正、修齐治平"的君子修身路径就成为中国读书人的普遍追求。经过中国历代先贤塑造的君子人格，也反过来对中国文化的基本价值观念、民族精神的形成产生了深刻的影响，成为超越时代的文化景观，塑造了一代代中国人的人格追求，成为中华民族凝练的民族性格。

中华文化中的君子，绝不是一种发生在个人身上的内循环的人格或气质，他应当总是与人民、与家国天下发生联结的。在中华文化传统中，君子自强不息、诚意正心、修身齐家等都只是一种理论准备工作，君子最终是要承担社会、国家的责任，是要治国平天下。君子在日常生活中彬彬有礼、乐于助人，在危难时刻，为了理想和信念，他可以杀身成仁、舍生取义、慷慨赴难。反观古希腊文化推崇的理想人格"爱智者"及后世西方文明追求的个人英雄主义，与君子展现出完全不同的价值取向。君子与西方的"爱智者"和个人主义英雄截然不同，正是中华文明与西方文明相差异的一个具体例证。

自强不息：君子精神，古貌新颜

1914年，梁启超先生在清华大学任教时，举行了一场以"君子"为主题的著名演讲，这场演讲后来诞生了清华大学"自强不息，厚德载物"的校训。在演讲中，梁启超起首即言："君子二字其意甚广，欲为之诠注，颇难得其确解。为英人所称劲德尔门（gentleman）包罗众义与我国君子之意差相吻合。证之古史，君子每与小人对待，学善则为君子，学不善则为小人。君子小人之分，似无定衡。顾习尚沿传类以君子为人格之标准。望治者，每以人人有士君子之心相勖。《论语》云：君子人与君子人也，明乎君子品高，未易几及也。"

梁启超此次演讲，将西方世界推崇的"劲德尔门"与我国文化传统中的君子并而举之，固有其时代局限性，但他却敏锐地指出，古代的"君子"，离不开君主制下的君臣身份，但是对"今天"来说，国民人格，不是知道国民的权利、义务就可以了，而是要通过"发展其本能"，成为现代秩序与现实道德基础中的新"君子"。

古之君子主要由以孔孟为代表的儒家倡导，虽然有仁爱、有礼、诚信、好学等种种优异的品性，代表当时的先进文化，但毕竟是古代社会的文化现象，自然亦有其时代的狭隘之处。如儒家概念意涵下的"忠孝悌义"，倡导社会关系、家庭关系的和谐稳定，却并未建立在人格平等的基础上，在一定程度上已不再符合当下的价值观。并且，旧有的君子人格虽然受到社会主流的积极引导和社会大众的广泛推崇，但我们必须看到，包括女性、非智识阶层的平民百姓在内的大多数人是没有机会成为君子的，君子文化始终是一种精英文化。

成为君子，不仅是社会主流文化对人的要求和期许，在某种程度上来说，亦是一个社会对人的扶持和惠泽。"仓廪实而知礼节，衣食足而知荣辱"，一个人要成为君子，就离不开社会风气的倡导、君子文化的浸染，以及一定的受教育程度，这在封建统治的古代时期，必然是小部分群体才能享有的"特权"。

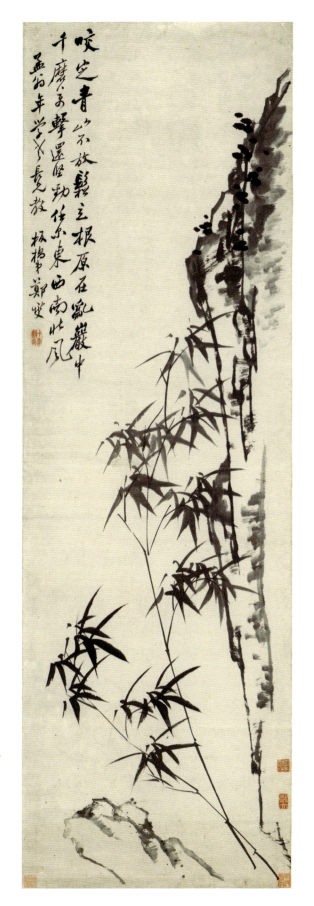

清　郑板桥　《竹石图》

郑板桥常以竹入画，这幅作品上题有诗句"咬定青山不放松，
立根原在乱岩中。千磨万击还坚劲，任尔东西南北风"，
表达对竹子顽强生长精神的赞赏。

近现代 徐悲鸿 《六骏图》

这幅作品作于抗日战争全面爆发之后，
画家以对群马的刻画寄寓着驰骋疆场、奋勇拼搏的激情。

　　那么，新时代的君子是什么样的？与古代的君子有什么不同呢？当下，我们又该倡导什么样的君子文化呢？

　　其实，君子之风至今未息，当代君子仍然见于社会的每一个角落。水稻专家袁隆平先生古稀之龄生活俭朴，仍亲自下试验田、深入科研一线，他保障了我国的粮食安全，一改千百年来吃饱难的问题，当称一声君子。各位边防战士，在最爱玩乐的年纪，却甘受辛苦，默默守护山川，亦不可不谓君子也。

　　通过他们，我们当可一窥当代君子之貌：当代君子在继承文化传统所倡导的君子人格的基础上，以仁爱之心为底色，以大格局、大抱负、大境界为目标，超越旧有的儒家所倡导的君子概念意涵，与时俱进，发展出时代特色，言行品德符合当代价值观。同时，当今的君子文化真正做到了面向更广泛的人民群众，让每一个人格高尚、正直真诚的人都平等地享有成为君子的机会，使中华民族成为真正的君子之国。

君子文化是中华优秀传统文化的宝贵结晶，在今天仍具有重要的时代价值。中国君子文化是根植于生活、根植于家庭、根植于人类社会的优秀文化，在人类社会"个人—家庭—社会—国家"的基本结构消亡以前，在人类生活方式发生重大变革之前，君子文化仍具有实践性价值，仍具有理论借鉴意义，仍具有超越时代的生命力。

中华优秀传统文化的复兴，实际上包含着将全体国民君子化的理想。中华优秀传统文化创造性转化、创新性发展成功实现的标识之一，就是锻造一个与传统文化可对接、与中国道路相匹配、与西方生活方式相媲美的生活方式，它应该具有君子品格、人伦情义、重礼仪、重道义、重法治等特征。培养现代君子人格是塑造现代伦理型生活方式的核心，也是中华优秀传统文化在个体生命中传承发展的基始点。

"君子以多识前言往行，以畜其德"，《易传》表明，"君子"是后天努力学习的结果。君子之道，如同一座高耸入云的险峰，虽崎岖难行，而经过努力地攀登，终是能站上极顶，欣赏峰顶的无限风景。

在漫长的人生旅途中，只要心怀向往，不断努力，以君子的标准要求自己，在仁德、义利、礼仪、智慧和诚信等方面不断修炼，就能向古之君子无限靠近，实现人格的升华。

（作者王学典系中央文史研究馆特约研究员，山东大学儒学高等研究院执行院长）

信义

言诺千钧，义贯山河

孔德立

信义深深植根于中华文化早期农耕文明中，是中华先民在最初探索世界、构建社会的过程中总结出来的宝贵文化结晶，塑造了中华民族诚实守信、重情重义的民族性格。

"言必信，行必果""人而无信，不知其可也""人无信不立"，这些经典语句，是中华文化对诚信的核心诠释。从商鞅徙木立信的故事，到徽州商帮"宁失千金，不失一信"的经商准则，诚信始终是社会运转的基石。而"义薄云天"的担当与"乐善好义"的胸怀，则让"义"成为品格的标尺，清人毛宗岗给关羽冠以"义绝"之名，正是这种精神的体现。

信义不但是一国的立国之基，更是个人修身的基本要义，深刻影响了中国人的性格品德、立身行事。历史上，商贾以诚信立业，将士以忠义报国，百姓以道义相守。信义是贯穿于中国人日常行为的精神准则，既塑造着社会运行的基本规范，也维系着个人品德的根基。

植根沃土：农耕文明培信义

信字从人从言，人言为信，言行相符，这就是信。义就是做事合宜、符合道义。信义的基本内涵就是诚信为本、坚守道义。信、义与仁、礼、智合称为五常，是中国古代重要的伦理观念。信、义虽然属于两个不同的范畴，但由于意义相近，在古代典籍中常常并称，如"敦信明义""赏莫大于信义""信以行义"，甚至还有相反的词如"背信弃义"等。

信义是中华文化的重要特色，它的形成与中国古代的农耕文明有密切联系。在长期的农业耕作中，中华先民以聚居村落为主要活动场所，是一个熟人社会，这与西方的商业社会不同，商业社会是陌生人的社会，商业活动需要产品交换，这就需要经常游走四方。这种游动性、地域的不确定性，使得商业活动主要在陌生人之间进行。对于陌生人的交往必须有一定的约束，于是就出现了合同、契约等，所以一个公共的法律制度体系就建立起来。而中国传统的熟人社会不需要冷冰冰的法律制度，而更需要一些柔性的道德规范，于是仁义礼智信等道德规范就产生了。所以说，农耕文明使中华民族走上了一条重德尚义的道路。

从另一个角度看，农耕文明重视对自然现象的观察和自然规律的总结。古人经过长期观察，发现日月星辰总是有规律地出现，一

春秋 侯马盟书

春秋末期，诸侯或卿大夫为了加强内部团结、打击敌对势力经常举行盟誓活动。
山西侯马出土的这批盟书多达 5000 余件，是这一类会盟的典型代表。

年四季也总是有规律地轮回，他们认为这就是大自然的一种信，孔子说"四时行焉，百物生焉"，老天虽然不会说话，但是它用行动告诉人们什么是天地之信。天地尚且有信，更何况人呢？以此观念为基础，信义在古人心中占据了崇高的地位，并被贯彻到生活的方方面面。

在农耕社会中，不但要处理人与人的关系，更重要的是处理人与神的关系。祭祀是古人生活中的头等大事，通过祭祀，与神建立起信任关系，人为神提供丰盛的祭品，而神则为人提供福佑，如风调雨顺、五谷丰登等。由此，信义就成为人与神关系的重要伦理信条。古人祭必言"信"，认为只有取信于神，才会得到神的福佑。

对神之信，还常常体现于盟誓这一活动中。盟誓是一些个人或

近代 韩国文字图屏风

这件韩国屏风由"孝悌忠信礼义廉耻"八扇组成，体现了中国传统文化思想的影响力。

诸侯国，为确保约定的履行，而借助一定的仪式恭请天地神灵来做见证的活动。盟誓要直接面对神灵，所以必须保持一种真诚、诚信、无欺的心理状态。

春秋战国时期有很多盟誓活动，众所周知的"郑伯克段于鄢"的故事中，郑庄公因他的母亲支持其弟弟叛乱而对其心生愤恨，发誓称"不及黄泉，无相见也"。但后来他又后悔了，想跟母亲见面，但誓言是对神发的，不能违背。于是颖考叔给他出了一个主意，让他挖一条很深的地道，直到挖出泉水为止，在这样的地道里与母亲会面，既保全了孝道，又不违背誓言。由此可见，信具有一种神圣性。

关于义的起源，有很多种说法，有人认为义是"仪"的本字，指祭祀时需要严格遵守的礼仪规范；也有人认为义（義）是由羊、我构成，而羊是古代最主要的祭品；还有人发现"義"与牺牲的牺（犧）音义都很相近，二者可能有某种意义关联。总而言之，义也与上古时期的祭祀活动有关，大概是指祭祀中的某种规范，后来渐渐发展

256

为一种应该的、正当的道德规范，成为公义、道义的标准。

总而言之，信义起源于早期的祭祀活动中对神灵的一种诚敬的心理状态，后来逐渐演变为人与人之间的诚信关系。

信、义最初是各自独立的，在后世合为一词，二者的含义相互补充，成为一个极有分量的道德词语。信虽然重要，但只有与义结合，符合道义和公理，才是真正的大信。孔子说："信近于义，言可复也。"约信的事必须遵循道义，才能真正践行，否则，假如约定（或被迫约定）了一件伤害他人、违背良心的事，那就可以不用践行这个约定。

孔子在周游列国途中，率弟子从陈国到卫国去，路过卫国的蒲邑，当时卫国的公叔戍盘踞在蒲邑反叛，他怕孔子到卫国后会帮助卫国讨伐自己，于是扣留了孔子。孔子弟子中有个叫公良孺的力士，要与蒲人拼命。公叔戍害怕了，于是派人对孔子说："如果你们不去卫国，我就放了你们。"孔子同意了，并与蒲人盟誓。蒲人于是就放了孔子一行。但孔子一出蒲邑东门，便立即调转马头直奔卫国而去。子贡对此很不理解，认为刚结的盟誓怎么能违背呢。孔子回答说："要盟也，神不听。"认为这是在胁迫之下的盟誓，根本不符合道义，神也不会同意。孔子的这个故事说明，非正义力量的胁迫，不能成为信用的基础。

孟子的说法更鲜明："大人者，言不必信，行不必果，惟义所在。"认为通达的人说话不一定句句守信，做事不一定有结果，但要合乎道义。时间在变，形势在变，条件在变，有时候最终的结果可能与先期的预想不一致。但是，无论是哪一种结果，都必须符合"义"的原则，就是适宜合宜的原则。不讲变通，忽视变化，就是盲目的机械的行为，并不是真正地践行"信"。因此，信有了义，才是真正的"信"。总而言之，信固然重要，但还要坚持道义。信与义相结合，互为影响，成为共同维护大道之行的道德力量。

信义深深植根于中华文化早期农耕文明中，是中华先民在最初探索世界、构建社会的过程中总结出来的宝贵文化结晶，塑造了中华民族诚实守信、重情重义的民族性格，也成为中华文明的突出特征和重要优势。

立身处世：信义精神立准则

俗话说"自古皆有死，民无信不立"，人是社会性的动物，不可避免地要与人接触、交往，建立各种社会关系，而只有信守诺言、真诚待人，才能赢得他人信任，建立稳固的人际关系，从而在社会中立足，顺利推进自己的事业。若表里不一、背信弃义，终将被他人疏离，陷入孤立无援的境地。所以，信义是个人立身、处事和生存的基础，是一个人应当具备的最基本的道德品质。孔子认为，人如果没有信义，就如同马车失去车辄和车辕一样寸步难行，而如果能够坚守信义之德，即使到了陌生的异国他乡，也能够安身立足。

我们都熟知"食言"一词，这个词非常形象，即，把自己说出来的话再吃进去，这是对背信弃义者的一种形容。其实这个词在先秦就已出现，《国语》中就有"言不可食"的说法，《左传》也说"我食吾言，背天地也"。千百年来，无论历史如何变化，信义的精神始终为人们所崇信、尊奉，视为立身处世的基本准则，并留下很多动人的故事，彰显了中国文化尊信尚义的基本品格。

金口玉言，是形容古代天子说话的权威性，但这更是一种信义的要求，即君无戏言，天子要严格信守自己说过的话。桐叶封弟的故事令人深思。周成王年幼时与胞弟叔虞在外面玩耍，随手拾起一片梧桐叶，剪成玉圭形状，对弟弟说："以此封你为唐国诸侯。"那时候王朝初定，稚子之言本是儿戏，却被史官尹佚郑重记下，坚持认为天子要言出必行，周成王望着泛黄的桐叶，恍然惊觉，确实，君无戏言。于是，这位少年天子便将唐地赐予叔虞。此诺既成，周朝礼乐制度得以稳固根基，诸侯皆服其德。一片飘落的桐叶，承载着君王的信义责任，也彰显了治国安邦的信义之道。

与天子的金口玉言相似，季子挂剑的故事也让人动容。春秋时期吴国的公子季札奉命出使中原，路过徐国。徐国国君非常喜欢季札的佩剑，想向他借来把玩。季札由于有公务在身，没能给他，但与他约定："等我出访回来再路过你这里时，就把它送给你。"可等季札再来徐国时，徐国国君已经去世，季札很悲伤，就把佩剑解下，悬挂在徐国国君陵边的树上。季札作为远离中原的吴国人士，能够如此践行信义，实属难能可贵。

践行信义，从某种角度说意味着对既有规则的信守，春秋时期的宋襄公是坚守信义的典范。宋国与楚国在泓水两岸摆开阵势，即将展开决战。楚军率先渡河，渡到河中央的时候，宋国司马子鱼建议宋襄公立即出击，但是宋襄公没有允许。等楚军完全渡河，尚未完成排兵布阵的时候，子鱼再次建议出击，宋襄公仍未同意。等到楚军完全准备好了，宋军才出击。楚军实力强大，宋军大败。宋国人认为国君两次不听司马建议，丧失取胜的机会，应该负失败的全部责任。但是宋襄公却不认可，他认为，贵族君子带兵打仗是讲规

元 王振鹏（传） 《养正图》之桐叶封弟

三国吴 彩绘季札挂剑图漆盘

矩的，即不在险隘处设伏，不主动出击没有列队完毕的军队，不抓头发花白的人，不重复伤害已经受伤的士兵。

从现代战争的眼光看，宋襄公在"泓水之战"中的指挥确实非常迂腐，但在春秋时期，遵守礼仪制度和约定的规矩就是一种信义，这在当时是一种公共的价值观，为达目的不择手段、肆意妄为，则是背信弃义的行为。宋襄公的做法，本质上是对西周以来"义战"传统的延续，战争须师出有名，讲究程序，而非不择手段。

坚守信义，往往可以给自己带来意想不到的收获。季布是汉初的著名义士，他为人正直，只要是答应过的事，无论遇到多大困难，都会想方设法做到，所以在民间流传着"得黄金百斤，不如得季布一诺"的说法，意思是季布的一个承诺，比百斤黄金还贵重。楚汉相争时，季布是项羽的部下，项羽兵败后，刘邦悬赏千金缉拿季布，窝藏季布者灭三族。但由于季布信守承诺的名声远扬，许多人都敬重他的为人，暗中帮助他。最终刘邦赦免了季布，还让他做了郎中。"一诺千金"也成为流传至今的成语。

信在汉代之后，被赋予特殊的哲学意义，常常与五行中的土相比拟。土代表了大地和生命的源泉，在五行中居于核心地位，是其他四行的承载者，信在五常中的地位也是如此。宋明时代的理学家大多将信解释为诚、实，他们主要讲仁义礼智四德，而不讲仁义礼智信五常，因为他们认为，能够真心实意地去实践仁义礼智就是信，所以信不是独立的，但是却能管束着其他四德。

信义精神在现代社会依旧熠熠生辉，人际交往中，信守承诺、真诚相待是构建和谐关系的基石。它不仅是个人安身立命的准则，更是维系社会秩序、推动文明进步的重要力量。

朋友有信：桃园精神永流传

古语有云："与朋友交，言而有信。"信义作为中华民族传承千年的美德，尤其在朋友交往中扮演着举足轻重的角色。它是友谊的基石，是情感的纽带，更是朋友之间相互信任、彼此依靠的根本。没有信义的友谊，就如同沙上建塔，看似巍峨，却经不起风雨的考验；而坚守信义的友谊，则如陈酿美酒，历经岁月沉淀，愈发醇厚芬芳。古往今来，无数坚守信义的故事在历史长河中闪耀光芒，为我们诠释了朋友间信义的力量。

汉初左伯桃与羊角哀的故事感人至深。燕国人左伯桃听闻楚元王招贤纳士，便踏上漫漫应召求仕之路。途中偶遇同样心怀壮志的羊角哀，二人一见如故，结为知己，决定携手共赴楚国。那时候隆冬已至，风雪交加，两人所带干粮很少，衣服也很单薄。左伯桃深知，若两人同行，恐都难抵楚国。于是，他毅然将干粮、衣物尽数留给羊角哀，自己则选择在枯树下受冻而死。羊角哀发现后悲痛欲绝，安葬好友后，独自赴楚，凭借才华得到楚元王的重用。羊角哀主动提出自愿为左伯桃守墓三年后再出来做官。守墓期间，羊角哀夜夜梦见左伯桃被厉鬼欺凌，于是横剑自刎，想要变成鬼帮助左伯桃。当夜，山下的百姓听闻山上传来金戈相击之声，直至东方破晓才渐渐平息。他们的故事成就了"羊左之交"的千古佳话，以"舍生取义"的决绝姿态，在历史长河中树立了友情的标杆。

与此相似的是名留千古的"鸡黍之交"。东汉时，范式与张劭为同窗好友，同在京城求学。二人学成归家时，范式与张劭折柳为誓，约定两年后到张家相聚。光阴流转，约期将至，张劭母叹："山高水远，恐难当真。"张劭却坚信友人必践初心。后来范式果然如约而至，张劭与母亲杀鸡作黍招待范式。后来张劭病逝，其灵柩下葬时突然停滞不前。远在千里之外的范式恰好梦见张劭托梦，遂素车白马，奔丧而至，扶棺痛哭："元伯，巨卿来迟，望勿见怪！"在场众人无不动容，灵柩方才顺利入土。范式还为张劭守墓三年，方肯离去。范式坚守约定，不负承诺，这份情谊被后世称为"鸡黍之交"，将一顿饭食的约定，升华为朋友的生死之交，成为朋友间重信守义的典范。

提到朋友信义，不能不提"义薄云天"的武圣关羽。关公之所以千百年来为人崇敬，不只是因为他武力超群、作战勇猛，更是因为他的重信重义。桃园三结义，关公就与大哥刘备、三弟张飞结下生死友情。后来刘备称帝，三兄弟虽是君臣，但从他们内心深处还是兄弟朋友之情。正是有了这种信仰式的信义坚守，才有了三兄弟拼杀于战场的豪迈，彼此牵挂的真情，失散之后对于重逢的期盼；才有了即使曹操给他加官晋爵，赏赐金银玉帛、豪宅美女、宝马赤兔，丝毫也无法改变关羽只暂时投靠曹操的约定。一旦得知兄长的下落，纵然千山万水，也要前往投奔。关公千里走单骑，过五关斩六将的信义之举，流传千古美名扬。

古往今来，真正伟大的朋友不仅讲求个人的信诺，更是将其与国家大义和民族未来结合起来，在伟大的事业中建立起伟大的友谊。北宋时，范仲淹和富弼是志同道合的好友，他们一同致力于庆历新政的改革事业，日夜伏案，共商国是，常常为了一项改革方案争论得面红耳赤，却始终秉持公心，彼此尊重。在推行新政阻力重重时，二人相互鼓励，携手对抗保守派的重重阻挠。范仲淹被贬谪后，富弼依然坚持他们共同的政治理想，不避风险，继续为改革努力，两人的友谊和对共同事业的坚守体现了深厚的信义。

近代的鲁迅与瞿秋白，在白色恐怖的年代里也结下了深厚的革命友谊。瞿秋白曾多次在鲁迅家中避难，鲁迅不顾自身安危，为瞿秋白提供庇护。两人在文学和思想上也有着深刻的交流与共鸣，瞿秋白翻译了许多马克思主义的文艺理论著作，鲁迅对瞿秋白的翻译工作给予了高度评价和支持。鲁迅还为瞿秋白编印了《海上述林》，以纪念他们之间的友谊和瞿秋白的文学贡献。他们之间的信任和支持，在艰难的岁月中显得尤为珍贵。

在快节奏的现代社会，"朋友有信"的价值愈发凸显。虽然生活方式发生了巨大变化，但人与人之间的情感需求从未改变，信义依然是维系友情的重要纽带。从古至今，无数感人至深的故事都证明：唯有诚信，才能让友情历久弥新；唯有信任，才能让心灵彼此相通。

朋友间的信义，是一种无形却无比珍贵的财富。它需要我们用真诚去培育，用行动去践行。在日常生活中，无论是小小的约定，还是重大的承诺，我们都应认真对待，言出必行，以信立身，以诚待人。只有这样，我们才能收获真挚而长久的友谊，在人生的道路上，与朋友携手同行，共同面对风雨，分享喜悦。朋友间的信义，将永远是照亮我们前行道路的温暖光芒。

见利思义：儒商信义通古今

当驼队的铜铃摇散丝绸之路上的晨雾，当商船的风帆划破海上丝路的暮色，中国古代商业文明便在信义的基石上徐徐铺展。从春秋战国的市贾云集，到明清时期的商帮纵横，信义始终如高悬的明灯，照亮商业往来的漫漫长路。

儒家并不反对求利，但反对见利忘义，认为求利应该符合道义，孔子说"义然后取，人不厌其取"，这个义，就包含了诚信、正义等内涵，如交易时明码标价、童叟无欺；信守承诺，履行合同契约；不泄露商业机密，维护合作伙伴的利益，是商业道德的基本遵循；以诚信为原则解决商业纠纷，不欺诈、不耍赖等。符合义的利，人们非但不会讨厌，反而还会热烈欢迎。信义是商业活动的基石。在儒家信义思想的影响下，从古至今很多商人恪守信用，坚守道德底线，不但赢得了良好声誉，而且创造了经济财富，树立了中国独特的儒商形象。

孔子的得意门生端木子贡，在经商之道上始终秉持信义的理念。他在曹国、鲁国之间往来贸易，洞察市场行情，却从不哄抬物价、以次充好。子贡在经商过程中继承和贯彻了儒家"博施于民而能济众"的思想主张，他经常散发家财，救济困窘，在鲁国之外为鲁国奴隶赎身，却拒绝向官府领取酬金。凭借高尚的商业品德，子贡赢得了广泛的信誉，"君子爱财，取之有道"在他身上得到完美诠释。他的商队所到之处，百姓信任，同行敬重，最终富致千金，成为儒商鼻祖，其诚信经营的理念影响了后世无数商人。

敦煌莫高窟藏经洞出土的唐代"飞钱"票据，印证了中国古代商

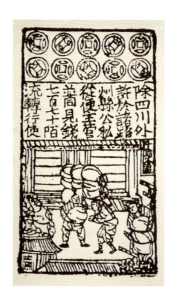

北宋 交子

飞钱是一种凭证，可以在不同地区兑换钱币，避免了运输钱币的风险和成本。
随着商品经济的发展，北宋初期出现了我国最早的纸币——交子。
交子最初也为商人发明使用，后被中央政府接管并在全国推行。

人的信用实践。商人将钱帛存入长安西市柜坊，凭"飞钱"凭证可在
扬州等地兑换现银。这种跨地域的信用体系，支撑着横跨欧亚的商
贸网络。宋代之后，中国的工商业得到较大的发展，无论是《清明
上河图》，还是明清时期的小说，都展示出商业社会的鲜明特征。由
此，信义也显得越来越重要。

清乾隆时期，祖籍浙江慈溪董姓人氏在北京开设钱庄生意，由
于生意兴隆，资本积累逐渐丰厚，遂在东四牌楼附近开设了恒利、
恒和、恒兴、恒源四大钱庄，人称"四大恒"。"四大恒"钱庄兴盛
一百余年，直到1900年，因八国联军进京抢掠才被迫关闭。四大
恒之所以经营那么长的时间，其关键在于董姓商人诚信为本、恪守
道义的经营理念，坚持以义取利、以信取利、以诚取利、以和取利，
从而赢得了人们的信任。一件事很好地证明了这一点。同治末年，
因受战乱影响，恒和银号关门歇业，因有许多银票在外流通，董家

山西平遥日昇昌旧址门上挂着匾额"汇通天下"

张贴告示请持票人速来兑现，等了一年多仍有银票未收回，为了信守四大恒"凭票必兑"的承诺，于是专门租了一个门面房，不做生意，只为等候客人来兑现银票，这间门面房一直开到1900年四大恒整体关闭，整整二十余年的时间，四分之一世纪的等待，只为坚守商人心中的这份诚信和道义。

明清以来，晋商、徽商等地方商帮坚持"诚信为本，以义制利"的经营理念和"财自道生，利缘义取"的商业信条，将信义伦理转化为经济伦理，成为儒商的典范。

晋商作为明清时期实力最强、影响力最大的商帮之一，票号遍布全国，甚至远及海外，其成功的核心秘诀便是信义。以道光年间创办的日昇昌票号为例，其开创了中国近代银行业的先河。日昇昌的汇票在全国各地均可兑现，无论路途多么遥远，金额多么巨大，只要票据真实有效，票号都会如约兑付。这种对承诺的坚守，让日昇昌赢得了"一纸符信遥传，万两白银立集"的美誉。

相传光绪年间，平遥城内有一位以乞讨为生的老太太，一天突然拿着一张皱巴巴的汇票来到西大街日昇昌总号，数额达数千两，开具者是日昇昌张家口分号，时间是同治七年。时隔三十多年，伙计分辨不出真假，赶紧请示柜头柳芬。柳芬又赶紧请示大掌柜张兴帮。两人问清汇票来历，并认真查阅了数十年前的账簿，如数兑付了现银。原来，老太太的丈夫早年在张家口经商，同治七年在日昇昌分号存了数千两白银，同年返乡途中暴病身亡。由于事发突然，没留下遗嘱或口信，老太太并不知情，只能苦挨度日，以乞讨为生。不料，一天整理先夫遗物时，在一件衣服的夹层发现了这张汇票。老太太抱着碰碰运气的心态来试试，没想到竟如数兑付，毫无阻碍。日昇昌也正是凭借这种经营理念，让票号不断发展和完善，生意也越做越大。

徽商以"贾而好儒"闻名于世，将儒家文化融入商业血脉。清代墨业巨擘胡开文，在徽墨制作中演绎着极致的诚信美学。他亲自踏访黄山古松，精选制墨原料，深入作坊，监督每一道工序。即便遭遇原料涨价、成本剧增，也绝不降低墨锭品质。"坚如石、纹如犀、黑如漆"的徽墨，不仅是技艺的结晶，更是诚信的象征。胡开文墨庄的金字招牌历经三百年风雨而不褪色，正是因为每一块墨锭都承载着"天留一个胡开文，到底一分真面目"的信念。

回溯古代商业的信义之道，不仅是对传统文化的致敬，更是为现代商业伦理寻找精神源泉。在现代商业社会，信义显得尤为重要，可以说是整个经济运行的基本保障。在流量至上、数据为王的时代，唯有将信义融入品牌基因，才能打造出经得起时间考验的商业传奇。

古代商帮依靠口口相传的信誉建立起商业信用网络，今天的市场经济也在信义的基础上建立起更为复杂高效的信用体系。从最初由售货员售卖的商店、代销点，到无人值守、门口付账的超市，再到"无人馒头摊""无人报摊"，再到如今网购信用体系的成熟，以及区块链技术的智能合约，古代商业的信义智慧正在新时代的中国不断焕发出新的生机。在商业文明迈向新高度的征程中，唯有将信义基因融入企业血脉，让传统文化与现代商业深度融合，方能在激烈的市场竞争中行稳致远。

扶持公道：侠义文化入人心

在中国历史的漫漫长河中，侠义文化以豪情跌宕的故事情节、鲜活生动的人物形象激荡着国人的心灵，塑造着中华民族坚韧正直的品格与气质。侠义文化代表了一种当仁不让、济弱锄强、轻财好施、急人所难的精神，是路见不平拔刀相助的勇气与担当，是对公平正义的执着追求。侠士们的行为并非为了一己私利，而是出于对正义的捍卫，对弱者的同情。这种对信义的坚守，使侠义文化充满了人性的光辉，也成为人们敬仰和效仿的对象。

中国的侠义文化源远流长，先秦时期就有专诸、豫让等刺客的侠义故事，《史记》则最早创立了《游侠列传》，其中记载了一位叫朱家的侠士。朱家是鲁国人，他热衷于帮助那些处于困境中的贫贱之人。他曾暗中帮助季布将军摆脱困境，当时季布被刘邦追捕，性命堪忧，朱家不顾自身安危，将季布藏在家中，还设法通过汝阴侯夏侯婴向刘邦进言，最终使季布得以赦免。此后，季布发迹，朱家却

终身不再与他相见，不图任何回报。

　　宋代有一位叫查道的官员，他一生轻财好施，极具侠义心肠。查道年少时曾在地上画大宅院，说要分给孤独无依的人。他科考时，得到了亲戚族人三万钱的资助。赶考途中拜见父亲朋友吕翁，不巧吕翁刚去世，死后家贫无钱下葬，其兄要卖女，查道拿出所有钱财给予吕翁哥哥赎女，并为其女选婿、出资作嫁妆。查道当官后住京城，家中贫困，却让亲戚族人中的孤独者住在家中，所得俸禄因散施而随得随完。天禧元年，查道任虢州知州。当年秋天，虢州蝗灾，百姓歉收。他不等上报，就打开官府粮仓赈救灾民，设粥棚施粥，还拿出四千斛州麦作为百姓的种粮，使一万多人得以保全性命。查道成为宋代轻财好施的典范，其事迹也被载入史册，流传后世，激

明 陈洪绶 版画《水浒叶子》之宋江

"叶子"是一种纸牌，古人喝酒时行酒令使用。
画家在这套叶子牌上不仅生动刻画了水浒人物，还通过题赞表达了鲜明观点，
比如宋江这幅上则题有"刀笔小吏，尔乃好义"。

励着后人向善向义。

由侠义文化形成了中国独具特色的文学门类侠义小说。唐代就有《虬髯客传》《聂隐娘》等著名的侠义传奇。宋元明清是侠义小说的繁盛期，《三侠五义》塑造的侠义之士，与官府携手维护正义。展昭一袭红衣，仗剑天涯，于金龙寺勇斗恶僧，救下清官包拯，受封"御猫"后，更是护佑包拯断案，成为江湖正义的象征。"北侠"欧阳春一柄七宝刀，斩尽世间不平，他路见不平，解救被恶霸强娶的民女；识破襄阳王谋反阴谋，深入虎穴探查机密，如暗夜中的明灯，照亮正义之路。而"五鼠"中的"锦毛鼠"白玉堂，虽生性高傲，却侠肝义胆。他大闹东京，戏耍庞太师；勇闯冲霄楼，只为守护开封府的荣耀。这些侠义之士以刀剑为笔，以热血为墨，书写着锄强扶弱、

匡扶正义的传奇，让"侠义"之声在江湖中久久回荡，成为永不褪色的精神丰碑。

《水浒传》中梁山好汉"替天行道"的义举更是广为人知。鲁智深三拳打死镇关西，只为解救被欺凌的金翠莲父女。武松景阳冈打虎扬名后，得知施恩的快活林酒店被蒋门神霸占，他凭借"玉环步，鸳鸯脚"的绝技，打得蒋门神跪地求饶，夺回快活林，替施恩出了一口恶气，尽显豪侠风范。李逵性情鲁莽却疾恶如仇，在沂水县他发现李鬼冒充自己拦路抢劫，本欲杀之，后因李鬼谎称家中有老母，便饶其一命，还赠送银两给他，以全其孝心。不料李鬼不思悔改，妄图加害，李逵怒而杀之，为民除害，展现出疾恶如仇的真性情。

清末民国以来，侠义小说得到更大的发展，塑造了一系列典型的侠义人物形象，如平江不肖生《侠义英雄传》中的大刀王五、霍元甲，《儿女英雄传》中的女侠十三妹，《三侠剑》中的胜英，还有以"清官为民除害"为主题的一系列评书故事，如包公案、施公案、彭公案、刘公案等等，他们的故事在民间长期传颂，成为民众心中的正义之神和道德标杆，潜移默化地推动着社会道德建设。

侠义文化不仅是历史的记忆，更是我们应当传承和弘扬的精神财富。侠义文化中的正义精神，激励人们在他人遇到困难时勇敢地出手相救，在遇到丑恶和不公时勇敢地站出来维护社会的公平与正义。其所展现的那种豪情壮志、重情重义的精神，也能够激发人们内心的热情和勇气，让人们在困境中坚守信念，勇往直前。

诚信重如山，道义坚如铁。千百年来，信义观念早已在历史的延续中内化为中华民族的一种民族特性。信义文化的影响遍及社会的各个角落，仅从地名看，全国就有多处以信义为名的地方，古代有信义郡、信义县，今天广东省有信宜市（古称信义，宋代为避宋太宗赵光义讳改为信宜），四川绵阳、山西吕梁都有信义镇。不仅如此，还有很多机构以信义为名，如清末在上海设立的信义银行，湖南益阳有信义中学堂，现代也不乏以信义命名的实业品牌。

人无信不立，业无信不兴，国无信不强。在价值多元的当代社会，信义既是一诺千金的品格坚守，也是见义勇为的道义担当，值得作为为人处世、安身立命的根本来践行。

（作者孔德立系孔子研究院院长、研究员）

仁
善

左页：《圣帝明王善端录》之商王成汤 局部

仁者爱人，与人为善

舒大刚

> 仁是人作为人类区别于其他动物的自我觉醒。人只有从这一进化链条上觉醒过来，才会体会到自己与同一链条上其他动物、植物不一样的性质，也才会有属于自己的责任与担当。

在宋代文豪苏东坡眼里，无一个不好的人！他以"吾上可陪玉皇大帝，下可陪卑田院乞儿"的好心善意和仁爱情怀，与天下人交朋友，与百姓同忧乐，创作了许许多多脍炙人口的为民请命、与民同乐的诗词歌赋，赢得了人们的普遍热爱，千百年来，至今不衰。

"仁"与"善"是中华文化的重要概念，无论是信仰价值、思想理论层面，还是礼乐文章、制度规范领域，抑或是道德伦理、风俗习惯层次，都充满着"仁者爱人""仁人志士""仁者无敌""仁政德治""与人为善""善待他人""亲仁善邻""积善余庆""善有善报""善莫大焉"等习语和教诲。仁善是医者悬壶济世、救死扶伤的仁心，是文人"为生民立命"的志向，也是普通百姓守望相助的质朴信念。仁善流淌在中国人的血脉之中，渗透于生活的点滴，它既指引着个人修身养性的方向，也凝聚起民族共克时艰的力量。

仁者爱人

"仁者爱人"的典故，出自《论语》颜渊问仁。"仁"是儒家文化中最高的道德范畴和境界，其以"爱人"为基本规定，意指"仁"从孝父母、敬兄长开始，进而关爱家族其他成员，并扩大至关心全天下的人。孟子曰："人之所以异于禽兽者几希，庶民去之，君子存之。舜明于庶物，察于人伦，由仁义行，非行仁义也。"人和禽兽不同的地方，根本就在于仁义，君子自然而然地走在仁义的路上，而不是勉强地当作任务来行仁义的表面功夫。

人是凝聚了天地之灵气、五行之秀气，经过长期进化然后才出现的。仁是人作为人类区别于其他动物的自我觉醒。人只有从这一进化链条上觉醒过来，才会体会到自己与同一链条上其他动物、植物不一样的性质，也才会有属于自己的责任与担当。"仁者"即有仁德的人，是有大智大勇、德行完满、关爱他人、有人格魅力的人。君子和一般人的区别，就在于能够保存心中的善端，不让它失去，而保持善端的关键，就是将"仁"和"礼"永存心中。其中，"仁"是对他人的爱，"礼"是对他人的尊重。爱他人，也就能得到他人的爱；尊重他人，也就能获得他人的尊重。前述东坡就是这样的。

颜渊问孔子什么是"仁"，孔子答"爱人"，简单明了地表达了

"仁"的人道意义。"爱人"意味着以友善和慈悲的心态对待他人，无论其身份、地位、亲疏、远近。"仁"蕴含着对人类的关心、尊重和关爱。

《说文解字》中说："仁，亲也，从人从二。"徐铉曰："仁者兼爱，故从二。"兼爱就是爱一切人，这是人类情怀。

孔子以"仁"为思想准则，将"仁"定义为"爱人"，奠定了"仁"的核心地位。在《论语》中，"仁"字出现了109次，但其具体内涵始终保持着诗意的开放性。"仁"既是在人与人相处的具体情境中的情感体验，也是祖述尧舜、宪章文武时获得的超越时空的永恒价值。历观孔子与门人论"仁"，"仁"包含多层含义。

其一，在个人品德修养方面，"仁"是一种崇高的道德追求。一个"仁者"，能够心怀慈悲，关爱他人，培养出善良、宽容、正直等美德。

其二，在行为上，"仁"意味着"克己复礼"。"礼"就是自周公以来形成的公序良俗，就是文明公约，"仁"要求人们克制个人的私欲，遵循社会的礼仪规范和道德准则。只有通过自我约束和规范，才能达到"泛爱众，而亲仁"的境界。

其三，在心灵情感上，"仁"体现为"忠恕之道"。"忠"是指尽己之心，对人忠诚，尽心尽力地帮助他人，也就是孔子所说的"夫仁者，己欲立而立人，己欲达而达人"；"恕"则是"己所不欲，勿施于人"，即能够换位思考，不将自己不愿意承受的事情强加给别人。这种忠恕之道是处理人际关系的重要原则，也是实现"仁"的具体途径。

其四，在实践中，孔子主张"性相近也，习相远也"，认为人人可以为善，其为恶者，乃后天习染之过。他本着自主自力的"仁"学

宋 黑釉"仁义礼智"铭枕

理念，在礼崩乐坏的废墟上，努力创立"为仁由己"的人类雄心。他反复强调"我欲仁，斯仁至矣"，将道德实践的主动权交还给个体。

其五，在政治领域，"仁"还涵盖了"为政以德""庶富教""天下大同"等政治理念。统治者若能施行仁德之政，关心百姓的疾苦，推行"利民、惠民、富民、乐民"的政策，便能赢得民众的拥护和支持，实现国家的长治久安。

在孟子提炼的思想命题下，"仁者，人也，亲亲为大"这一句话被应用于治国理政，强调君子由亲爱亲人而仁爱百姓，由仁爱百姓而爱惜万物。内在的仁离不开外在礼的制度安排，孔子曰："克己复礼为仁。一日克己复礼，天下归仁焉。"孟子也说："礼之实，节文斯二者（仁与义）是也。"礼体现于政治中，称为礼治；礼体现于社会、教化中，称为礼教。礼治就是孟子所说的仁政，仁政强调以民为本，一方面"制民之产"是实施仁政的基础，同时"善教得民心"，仁政思想一以贯之于中华文明传统。

《礼记》将"仁义"视为自然法则，是天地之道在人事上的体现。

天子是上天之子，天子的政令必须合乎天地之道，"仁义"就是天道降于宗庙而体现出来的价值观。君王在郊社宗庙的祭祀，也是出于人道对天道的报答，因为报本返祖就是"仁"。

祭祀鬼神如此，统治人民也要以"礼、义、学、仁、乐"来加以安顿。《礼记》说君主要用礼制来耕耘，用义来播种，用教化来除草，用仁爱来凝聚，用奏乐来安抚他们。如果处理不好"礼义学仁乐"五者的关系，或者五者有所残缺，国家治理就不会得到好的结果。

相比之下，仁更为根本。礼是义的规定，义是各种技艺的区别，是仁的调节，拥有义、艺、仁了，你就强大。仁又是义的根本和出发点，是事事顺利的保障，具有仁爱之心的人才会得到尊重。

要做到"仁义礼乐"诸德皆备，《礼记》要求"君仁、臣忠"，在上者做好表率，对待人民要"仁以爱之，义以正之"。天子自己在修

汉 "仁义自成" 瓦当

养上要先行一步，搞好个人修养和公众形象。在发布号令方面，要求以人民为中心。政通人和，上下相亲，兴利除害，自然就拥有"义与信、和与仁"这些霸王之器了。当初大禹等圣王就是以"仁"德获得人民拥戴的。

当然，《礼记》更多的是将行仁寄托在当时作为社会精英的儒者身上，还为儒者设计了修行仁德的方法和标准："温良者，仁之本也；敬慎者，仁之地也；宽裕者，仁之作也；孙接者，仁之能也；礼节者，仁之貌也；言谈者，仁之文也；歌乐者，仁之和也；分散者，仁之施也。儒皆兼此而有之，犹且不敢言仁也，其尊让有如此者。"态度温良，办事敬慎，行动宽裕，待人谦逊，有礼有节，口无择言，能歌善乐，仗义疏财，这些都是仁在不同场合的表现，虽然未必就是仁者，但已经离仁不远了。

"仁"贯通天、地、人，通贯性地处理人与人、人与社会、人与自然等各种关系，讲仁爱，作为中华民族在长期发展中培育和形成的独特思想理念，不论过去还是现在，都具有永不褪色的价值。

与人为善

"善"的本义，是"好好说话"或"说好的话"。"善"字由"羊"和二"言"组成。《说文解字》中说："譱：言也，从誩从羊。此义与美同意。"可见"譱"与言有关，羊是美物，故譱就是"美言"。同书又著录今天通用的"善"字："篆文善，从言。"善具有善、美、吉等义，之所以这么美好，又与"缮"有关，因为"善言"是经过修缮、考究、斟酌过的语言，相当于"文化语言"。

"善"还有共同信服、广泛响应的格言之意，也用于对事物性质和状态的描述，如"善言""善行"等，表示那些符合道德规范、能够产生积极效果的言论和行为。

将心比心，将人心中的善推己及人，便是"与人为善"。以和为贵，与人为善，己所不欲、勿施于人等观念和传统在中国代代相传，深深植根于中国人的精神中，体现在中国人的行为上。

两千年前，孟子立于稷下学宫，以孩童坠井之喻剖解人性本质："今人乍见孺子将入于井，皆有怵惕恻隐之心。"当稚子悬于生死之际，那瞬间的心惊痛楚并非源于利害权衡，恰是人性深处最本真的光芒迸发。这种"不忍人之心"穿透礼法教化的层层规则，昭示着人类与生俱来的道德基因。

宋代儿科圣手钱乙，正是循着这道光芒前行。他行走市井，目睹贫家幼子因缺医少药而夭折，恻隐之痛化作济世之志，著就《小儿药

清　陈枚等　《清明上河图》局部

清代陈枚等画家仿绘的《清明上河图》中，
小儿科招牌下方特别说明"贫不计利"，是医者仁心的体现。

证直诀》，写作中国现存第一部儿科专著，将儿科从方脉中独立成科。

唐代诗人白居易谪居江州时作诗《赎鸡》云："见兹生恻隐，赎放双林园。"千年后的今天，野生动物救助站里，人们为折翼的苍鹰接骨、为中毒的江豚解毒，与古人隔着时空完成了一场关于生命尊严的对话。从祭祀牺牲的替代到现代动物伦理的构建，恻隐之心始终存在于中华文明进程中。

出于现实可能的考虑，孔子并不追求立即成贤成圣，认为只要有定力有追求，即可逐步实现。他要求，一旦知道善的目标，就要立即行动，永不松懈："见善如不及，见不善如探汤。"他提倡"见贤思齐焉，见不贤而内自省也"，主张"择其善者而从之，其不善者而改之"，强调在生活实践中培养道德判断力和勇于改过的勇气。这种实践理性精神，使孔子的伦理学始终保持着脚踏大地的现实品格。

清 《圣帝明王善端录》之商王成汤

图绘商王成汤出游时，见到有人四面张着网捕鸟，
便叫那人撤去三面网，不要赶尽杀绝。

　　践行与人为善之道，本质在于实现"善与人同"的境界。此境界涵摄"舍己从人"的谦卑与"乐取人以为善"的超越，二者犹如江河之流脉，前者为源，后者为涌。子路"闻过则喜"、大禹"闻善则拜"，皆以破除"我执"的姿态践行着"舍己从人"的精神。"舍己从

人"的精神更进一步的主动和积极的表现就是广泛地向群众学习，吸取所有的善，集合到自己身上，以此为快乐。而当这种谦逊升华为自觉主动的求善意志，便化作"乐取人以为善"的文明自觉——主动汲取众人之智，熔铸万千善念于己身，在成就他人的同时完成自我淬炼，这种主动积极的乐善精神会自然而然地不断鼓舞自己和别人。

明代袁了凡在《了凡四训》中记载的舜帝故事，恰为此理作了生动注脚。过去，舜于雷泽湖畔亲见壮年渔民抢占深潭厚泽，老弱者困守湍流浅滩。这位圣王并未以道德训诫立威，而是躬身垂范：每逢遇见谦让者便击节赞叹，目睹争执者则默然以德化之。经年累月，争抢之风渐熄，礼让之德蔚然成俗。袁了凡评价说，舜并非不能以言辞进行教化，然而却选择以身教润物无声，实乃大智若愚的教化之道。这种超越说教的实践智慧，恰恰揭示了善与人同的深层机理：真正的善行不在于彰显道德优越，而在于以星火之势点燃群体的向善本能。当个体突破"我执"的藩篱，将他人之善视若明珠并躬身践行时，便构成了文明传承最坚韧的纽带。

"与人为善"的兼济之意，在中华文明尚在襁褓之时便已显现，先贤们以思想之火种，点燃了超越血缘的普世之善。墨子立于战火纷飞的战国，高呼"视人之国，若视其国；视人之家，若视其家；视人之身，若视其身"，诸侯国之间、家庭之间、个人之间的一切矛盾，都可以通过相互爱护而得到解决。北宋范仲淹创立义庄、义学，主张"兄弟互相助，慈悲无边境"，要求同宗兄弟之间要互相帮助，多积善积德，更要有四海之内皆兄弟的大爱情怀，在要求家族内兄弟互助、邻里友善的基础上，特别强调要"敬长与怀幼，怜恤孤寡贫"。

"善"的观念也促使人们在经济活动中乐善好施，帮助贫困的人

明 "为善最乐"铭文铜镜

《了凡四训》中写道: "人之为善,不论现行而论流弊;不论一时而论久远;不论一身而论天下。" "为善最乐"铭文铜镜在明代风靡一时,可见人们对"善"的追求。

群,促进社会的公平。历史上,许多富商大户会在灾年施粥赈济灾民,这种慈善行为不仅体现了个人的善心,也有助于缓解社会的贫困和不稳定。

被奉为商圣的范蠡"十九年之中三致千金,再分散与贫交疏昆弟"。这位帮助越王复国的谋士,化身"陶朱公"后发明了"平粜法":在谷价过高时出售粮食,谷价过低时收贮粮食。这样市场物价就会稳定,货物就不会缺乏,农民的基本生计也有所保障。更令人惊叹的是,陶朱公经商仅"逐十一之利",薄利多销,贾法廉平,不盘剥百姓,经商靠的是无损于民的经营技巧;在致富后,他屡散家财,

周济贫困，被时人誉为"富好行其德"的儒商。

仁政善治

"善政得民财，善教得民心"，将"与人为善"表现在制度上，便在于德法并重的政治实践。从中华文明史来看，正是因为有讲仁善，才有中华文明"可大可久之道"的不断发展，并保持了中华文明几千年未中断的连续性。

中华文明主张王道以德服人，仁者以大事小。"仁""善"观念一直是中国古代政治思想的重要基石，是构建理想社会的基本原则。在这个理想社会中，人们超越了狭隘的亲情关系，关爱他人如同关爱自己的亲人，是未有"不仁"也；超越贤愚、贵贱、贫富和上下等级，实现了社会的公平、正义与和谐，未有"不善"。

《尚书·大禹谟》提出"德惟善政，政在养民"，你有善政，天就隆福；你有恶政，天就降殃。夏桀就因"灭德作威"，肆虐于天下万邦，而被商汤推翻。推翻夏朝后，商汤也不敢擅作威福，他告诫百官"各守尔典，以承天休，尔有

善，朕弗敢蔽"，表达出新政权惩恶扬善的价值取向。

商武丁的贤相傅说强调应当把握好"善"的尺度，强调要谋划好了再采取行动，行动要看准时机；君王不能尽占美名，过分占有反而会失去；也不能过分居功，过分了就会丧失。

蜀汉昭烈帝刘备在临终前给儿子刘禅的遗诏中写道："勿以恶小而为之，勿以善小而不为。惟贤惟德，能服于人。"旨在劝勉刘禅精进德行、修治学业，有所建树，告诫他善和恶都是长期积累的结果，微小善举积累多时，终能汇聚成惠及天下的大德；而细微恶行不断滋生，亦足以酿成祸乱国家的恶果。

"仁政"强调统治者应以仁爱之心对待百姓，关心民众的疾苦，轻徭薄赋，施行惠民政策。这种理念促使统治者注重民生，努力创造一个和谐稳定的社会环境。例如，汉文帝和汉景帝推行休养生息政策，减轻赋税和徭役，使得社会经济得到恢复和发展，开创了"文景之治"的繁荣局面。

唐太宗在位二十三年，史称"贞观之治"，常用隋炀帝作为反面教材，来警诫自己及大臣官员。他与孔子和荀子一样，将人民和君主的关系比作水与舟，认为"水能载舟，亦能覆舟"，因此留心吏治，选贤任能，从谏如流；推行爱民惠民政策，"去奢省费，轻徭薄赋"，以农为本，厉行节约，休养生息；支持太学发展，国子监的设立为后世储备了大量人才。"贞观之治"为此后进一步的"开元盛世"奠定了重要基础，社会经济快速发展，民生日益富裕，风气逐渐改善，国力日益繁荣，社会出现了安稳的局面。

唐代武则天长安年间，开始创办悲田养病坊，即设置在寺院之内的一种半官半民的疗养所，后来逐渐演变为寺院的慈善事业，包

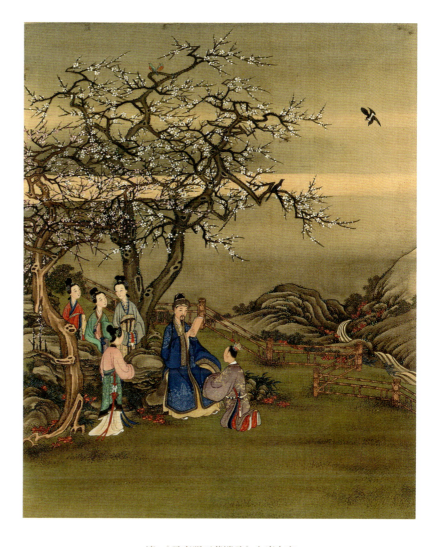

清 《圣帝明王善端录》之唐太宗

唐太宗将他撰写的《帝范》赐给太子李治，提出了君主的十二项素质，
包括宽大包容、平心裁决、威德兼施、慈厚待民、勤于政事等。

含了救济贫困、疗养疾病、施药、抚慰孤独等功能，执政者的善，
不再是居高临下的施舍，而是将自身化作连通众生疾苦的脉管。

　　惩恶扬善，树立社会仁善的良好风气，是文明赓续的密码。《尚
书·洪范》中"五福六极"的观念，作为治国之法提出，"五福"包
括寿、富、康宁、攸好德、考终命；"六极"则为凶短折、疾、忧、

贫、恶、弱。其中，"攸好德"被列为五福之一，强调了积德行善的重要性。一个人如果能够修养德行，做好事、行正道，就能够获得上天的恩赐，享受五福；反之，如果作恶多端，违背道德，就会遭受六极的惩罚。这种鲜明的善恶报应观念，虽然带有一定的神秘色彩，但在当时的社会背景下，对于规范人们的行为、引导人们追求"善"起到了积极的作用。

仁善传承

"仁""善"作为中国传统哲学中的重要理念，自孔子、孟子、荀子奠基以来，历经众多思想家的发展、演变与创新，形成了丰富而深刻的思想体系。从孔子"仁者爱人"的朴素情怀，到孟子"性善四端"的道德形而上学，再到荀子"化性起伪"的理性主义，这场持续几百年的思想接力不仅勾勒出儒家伦理的演进轨迹，更为中华文明注入了独特的精神基因。

《老子》"上善若水"的命题则开创了自然主义伦理观的新维度。作为齐国稷下学宫文献续集的《管子》，提出"礼义廉耻，国之四维"的治国纲领，将伦理规范提升为政治大法和治世准绳。《吕氏春秋》将儒家的仁政理想与法家的公正原则相调和，对"仁"学进行了更加明确的族类定性：首先是只有人才能做到自觉的"仁"德，然后是只有将人作为"仁"之首位对象才是合理的。至于后世，董仲舒将"仁"与阴阳五行学说相结合，使"仁"成为国家意识形态的一部分，强调君主应以"仁"治国，从而实现社会的和谐与稳定。到了宋代，苏轼以其豁达的人生态度和文学才华，构建"道德义理"哲学结构。他在诗词文章中常常表达对人性善良和仁爱精神的赞美，同时也以自己的处世哲学体现了"仁""善"的价值。苏轼认为，"仁""善"不仅存在于高尚的道德行为中，也体现在平凡生活的点滴之中，如对自然的敬畏、对他人的宽容、对生活的热爱等。朱熹认为"仁"是天理的体现，存在于万物之中，但在不同的情境和个体中又有具体的表现。王守仁的"知行合一"说将"善"的实践性推向极致，认为"知善知恶是良知，为善去恶是格物"，强调了道德认知与行动的统一性。

"仁""善"的概念在不同的历史时期和社会背景下，不断适应时代的需求。它们共同构成了中国传统道德体系的核心，对于个人的成长发挥着不可替代的作用，也深深地渗透到了中国社会与文明的各个领域。

首先是个体修身。孟子曰："人之所不学而能者，其良能也；所不虑而知者，其良知也。孩提之童，无不知爱其亲者；及其长也，无不知敬其兄也。亲亲，仁也；敬长，义也。无他，达之天下也。"（人不经过学习就会的，是人的良能；不经过思考就知道的，是人的良知。二三岁的小孩子，没有不知道敬爱父母的；等到长大，没有不知道尊敬兄长的。亲爱父母是仁，敬爱兄长是义，没有别的原因，只因仁义可以通达于天下。）孟子也曾讲过一个故事：舜住在深山的时候，和树木石头同住，与鹿和野猪同游，跟深山中野老村夫不同的地方极少；但等到他听到一句善的言语，看到一桩好的行为，就立刻身体力行，这种力量好像江河决了口，气势充沛得没有任何东西可以阻挡。这便是在个人层面，以仁善修身，重塑道德自觉。

其次是家庭共情。《论语·学而》载："弟子入则孝，出则弟，谨而信，泛爱众，而亲仁，行有余力，则以学文。"（弟子们在父母跟前，就孝顺父母；出门在外，要尊敬兄友，做事要谨慎，说话要可信，与众人相处要友善，亲近那些有仁德的人。这样躬行实践之后，还有余力的话，就再去学习文化知识。）孔子将"孝"与"弟（悌）"合用，并关联"孝悌"与"仁"，视"孝悌"为"仁"的基础。从家庭中培养的"孝"，推而扩之，则是在社会中表现出来的"泛爱众"之"仁"。在唐末五代十国时期，有许多的割据政权，在继承问题上兄弟相争、父子相残的事例比比皆是。但是，孟蜀政权和吴越国却基本实现了平稳过渡，境内经济发达、文化兴盛，百姓也因此得以安享太平，这得益于后蜀孟昶和吴越钱王的存在。孟昶在"颁令箴"中提出的"尔俸尔禄，民膏民脂。下民易虐，上天难欺"，不仅成功地约束了后蜀君臣，而且成为北宋朝堂的警示诫语。至于钱镠所创立的《钱氏家训》，更是成为流传千年的族人必须遵循的法则：个人"心术不可得罪于天地，言行皆当无愧于圣贤""处事不可不决断，存心不可不宽厚"。家庭要"父母伯叔孝敬欢愉，妯娌弟兄和睦友爱""家富提携宗族，置义塾与公田；岁饥赈济亲朋，筹仁浆与义粟""勤俭为本，自必丰亨；忠厚传家，乃能长久"，营造幸福美好的家庭，把勤劳节俭当作根本，用忠实厚道传承家业。进入社会要"信交朋友，惠普乡邻""修桥路以利人行，造河船以济众渡"，为人排除危难化解矛盾纠纷，个人成见要全部去除，公众利益要全面提倡；参与国家政治需"爱民如子，去蠹如仇""严以驭役，宽以恤民"，像爱护自己的子女一样去爱护百姓，利益得在自己一人就不去谋取，得在天下百姓就一定谋取。一个人的一生都离不开家庭，孝悌之道如春风化雨，润物无声。这便是在家庭层面，以孝悌传家，凝聚仁善根基。

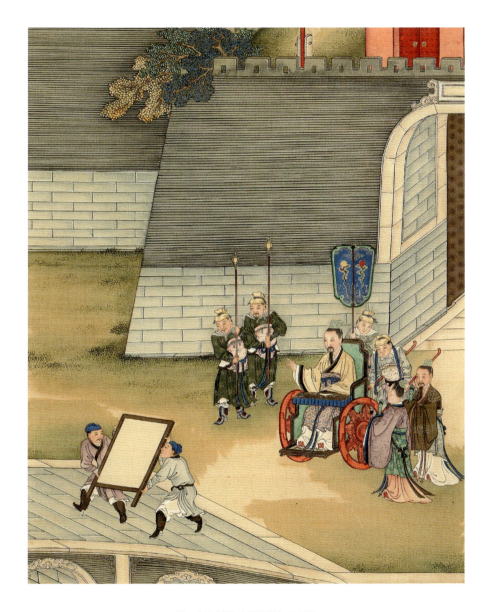

清 《圣帝明王善端录》之帝舜

舜广开视听，求贤才以自辅。

295

明 《大明仁孝皇后劝善书》

此书为明仁孝徐皇后编辑，
劝诫时任太子的朱高炽、汉王朱高熙、赵王朱高燧兄弟三人向善戒恶。

再者是社会协同。"夫仁者，己欲立而立人，己欲达而达人。能近取譬，可谓仁之方也已。"（仁人，就是要想自己立足时，也要帮助他人一同站得住；要想自己发达，也要帮助他人一起过得好。凡事能就近以自己作比，而推己及人，可以说就是实行仁的方法了。）墨子认为，盗贼只爱自己的家，不爱别人的家，所以会偷窃别人的财物来养肥自家；强盗只爱自己这个人，不爱其他人，所以伤害别人来谋取自身利益。为什么会这样？根源都在于人与人之间不相爱。至于大夫之间互相侵夺家族利益，诸侯之间互相攻伐他国，也是同样的道理。天下所有的混乱现象，根源都在于人们不相爱。所以，墨子提出"兼爱""非攻"的思想，对待天下如同对待自家，关爱他人如同关爱自身；最终，实现"老而无妻子者，有所侍养，以终其寿；幼弱孤童之无父母者，有所放依，以长其身"的社会状态，这便是在社会层面，以共情为纽带，构建和谐共同体。

296

"仁"和"善"这两个概念相互关联又各有侧重。"仁"强调人类对他人的关爱和尊重，是一种积极主动的道德情感和行为；"善"则更侧重于道德的正直和美好，以及对事物良好状态的追求。二者作为中国传统文化的精髓，在中国文化的各个领域都产生了不可磨灭的影响，它们塑造了中国人的价值观和行为方式，促进了社会的和谐、稳定与发展。

　　中华民族从"仁"与"善"出发，追求人类的共同福祉。周恩来同志在1955年万隆会议期间巧妙化用这一智慧，创造性提出"求同存异"的外交方针，来表明中国求同存异、和平共处、承认一切大小国家的平等、不干预或干涉他国内政的主张，将古典智慧转化为处理国际关系的实践准则。正如《中庸》所说："万物并育而不相害，道并行而不相悖。小德川流，大德敦化，此天地之所以为大也。"

　　致良知以立身，修仁德以化民，将"仁善"基因植入现代治理体系，本质在于道德自觉与制度创新的双向赋能。纵观文明演进脉络，中华文化之所以能在剧变中葆有韧性，仁善的伦理内核在其中起到了重要作用。《孟子》有言："老吾老，以及人之老；幼吾幼，以及人之幼。"仁善若暗夜灯塔，既照亮个体良知之径，又指引着社会共情的方向，成为深植文明基因的精神坐标，诠释着"推己及人"与"天下大同"的永恒理想。

（作者舒大刚系四川大学国际儒学研究院院长、教授）

后　记

中华优秀传统文化源远流长、博大精深，是中华文明的智慧结晶。从天地宇宙的哲学思考，到家国一体的治世智慧，再到抱节守志的修身法则，凝聚了中国人的精神追求和思想高度。

中华文明的精神基因蕴藏在浩如烟海的文化典籍与世代传承的习俗风尚之中，它们日用而不觉，却深深烙印在每个中国人心中。本书精选12个代表中华文化精神的标识性术语，邀请各领域深耕数十载、学术造诣深厚的知名专家学者担纲写作。他们以严谨的态度落笔行文，又将对中华文化的深切情感贯穿字里行间。各篇几经精心打磨，力求使本书成为思知兼具、深入浅出的大家小书。

本书的顺利出版还要感谢清华大学人文学院周绚隆、倪玉平、赵金刚、李飞跃等同志。中共山西省委党校哲学教研部张文旭、哈尔滨工程大学马克思主义学院张金秋、中国社会科学院哲学研究所胡海忠等同志对本书的编写亦有贡献，在此一并感谢。

本书编写组

2025年6月

图书在版编目（CIP）数据

中华文明的精神追求 / 全国哲学社会科学工作办公
室编 . -- 北京 : 中信出版社，2025. 7. -- ISBN 978-7-
5217-7885-4 (2025.10 重印)

Ⅰ. K203

中国国家版本馆 CIP 数据核字第 2025DF4284 号

中华文明的精神追求

编者： 全国哲学社会科学工作办公室
出版发行：中信出版集团股份有限公司
　　　　　（北京市朝阳区东三环北路 27 号嘉铭中心　邮编　100020 ）
承印者： 北京雅昌艺术印刷有限公司

开本：787mm×1092mm　1/16　　　　　印张：19.5　　　字数：230 千字
版次：2025 年 7 月第 1 版　　　　　　　印次：2025 年 10 月第 3 次印刷
书号：ISBN 978-7-5217-7885-4
定价：138.00 元